古典文獻研究輯刊

三四編

潘美月・杜潔祥 主編

第21冊

明史雲南廣西土司傳考證（下）

楊 勝 祥 著

國家圖書館出版品預行編目資料

明史雲南廣西土司傳考證（下）／楊勝祥 著 -- 初版 -- 新北
市：花木蘭文化事業有限公司，2022〔民111〕
目 4+144 面；19×26 公分
（古典文獻研究輯刊 三四編；第 21 冊）
ISBN 978-986-518-876-4（精裝）
1.CST：官制 2.CST：土司制度 3.CST：歷史 4.CST：明代
011.08　　　　　　　　　　　　　　　　　110022684

ISBN-978-986-518-876-4

9 789865 188764

古典文獻研究輯刊
三四編　第二一冊　　　　　　ISBN：978-986-518-876-4

明史雲南廣西土司傳考證（下）

作　　者　楊勝祥
主　　編　潘美月、杜潔祥
總 編 輯　杜潔祥
副總編輯　楊嘉樂
編輯主任　許郁翎
編　　輯　張雅淋、潘玟靜、劉子瑄　美術編輯　陳逸婷
出　　版　花木蘭文化事業有限公司
發 行 人　高小娟
聯絡地址　235 新北市中和區中安街七二號十三樓
　　　　　電話：02-2923-1455／傳真：02-2923-1452
網　　址　http://www.huamulan.tw 信箱 service@huamulans.com
印　　刷　普羅文化出版廣告事業
初　　版　2022 年 3 月
定　　價　三四編 51 冊（精裝）台幣 130,000 元　　版權所有・請勿翻印

明史雲南廣西土司傳考證（下）

楊勝祥 著

目次

《明史》卷三百十八
（列傳第二百六）考證

廣西土司二

太平

（一）以權至廣西衛，鎮撫彭宗、萬戶劉維善以兵護送〔註1〕。

今考，劉維善，當作「劉惟善」。辨證如下：

本傳此句之取材，《明太祖實錄》卷三六上洪武元年十一月丙午條：「遣中書照磨蘭以權齎詔往諭廣西左、右兩江溪洞官民……以權至廣西衛，鎮撫彭宗、萬戶劉惟善以兵護送。」〔註2〕作「劉惟善」。《國朝列卿紀》卷一四一《應天府府尹行實》：「蘭以權，字□□，湖廣襄陽府襄陽縣人。國初舉才能。洪武元年授中書省照磨，同奉御仲良使廣西，招諭左、右兩江諸洞，撫安邊人。至廣西衛，鎮撫彭宗、萬戶劉惟善以兵護送。」〔註3〕作「劉惟善」。《粵

〔註1〕《明史》卷三一八，清乾隆四年武英殿刻本，葉二。參見《明史》，中華書局 1974 年，第 8230 頁。

〔註2〕《明太祖實錄》，第 667、668 頁。

〔註3〕《國朝列卿紀》，《四庫全書存目叢書》史部第 94 冊，第 651 頁。按蘭以權，為「蘭以權」之訛。據《（萬曆）應天府志》卷六《職官表》、《（萬曆）襄陽府志》卷三四，見〔明〕程嗣功修，〔明〕王一化纂：《（萬曆）應天府志》卷六，明萬曆刻增修本，葉一；〔明〕吳道邇纂修：《（萬曆）襄陽府志》卷三四，明萬曆刻本，葉四四。

西文載》卷六四《名宦傳》:「初平廣西,遣以權齎詔往諭兩江溪峒民。至廣西衛,鎮撫彭宗、萬戶劉惟善以兵護送。」〔註4〕亦作「劉惟善」。是以,本傳此句之「劉維善」,乃「劉惟善」之訛。

(二)洪武初,土官趙勝昌歸附,授世襲知州,設流官吏目佐之〔註5〕。

今考,洪武初歸附者,當為勝昌之父趙昂傑。辨證如下:

《廣西名勝志》:「洪武初,土官趙勝昌歸附,授世襲知州,以流官吏目佐之。」〔註6〕其前之《(萬曆)廣西通志》同之〔註7〕。更早之《(嘉靖)廣西通志》亦云:「土官知州趙姓。洪武初趙勝昌始授世襲知州。」〔註8〕此蓋本傳此句之源出。皆謂趙勝昌始歸附授知州。

檢《土官底簿》:「趙昂傑,本州世襲土官籍,洪武三年授知州。故,男趙勝昌二十六年署事,備馬赴京告襲。永樂三年八月奉聖旨:『趙勝昌,著他襲了知州便回去,欽此。』七年,被趙志能父子殺死。男趙得茂應襲,年方一十歲,保部為無親身前來。八年九月,奉令旨;『著他襲了,等出幼時來朝,欽此。』故,宣德八年四月男趙得興替職。征傷有疾,保男趙富穀替職。正統十一年九月,奉聖旨:『既應該替職,准他,欽此。』」〔註9〕以趙昂傑為始歸附,授世襲知州者。

比較《土官底簿》與《(嘉靖)廣西通志》及《(萬曆)廣西通志》之記錄,《(嘉靖)廣西通志》及《(萬曆)廣西通志》所記錄世系更長,《(嘉靖)廣西通志》述至廷鈺:「趙勝昌始授世襲知州。死,子德興襲。死,子富穀襲。死,子暹□(疑即未字)襲死,子昊勘襲,未報亦死。子廷鈺保襲。生子帥球。」〔註10〕《(萬曆)廣西通志》延伸之:「廷鈺襲,子天球未襲死。廷鈺老而昏目,民糾天球妻岑氏殺之,眾保天球子大庸襲。大庸死,子世臣襲。」〔註11〕《土官底簿》則只述至正統間之富穀(一作穀),然其記錄更為詳細,

〔註4〕《粵西文載》,《景印文淵閣四庫全書》第1467冊,第56頁。

〔註5〕《明史》卷三一八,清乾隆四年武英殿刻本,葉三。參見《明史》,中華書局1974年,第8231頁。

〔註6〕《廣西名勝志》,《續修四庫全書》第735冊,第111頁。

〔註7〕《(萬曆)廣西通志》,《明代方志選(六)》,第647頁。

〔註8〕《(嘉靖)廣西通志》卷五一,葉一八。

〔註9〕《土官底簿》,《景印文淵閣四庫全書》第599冊,第397頁。

〔註10〕《(嘉靖)廣西通志》卷五一,葉一八。

〔註11〕《(萬曆)廣西通志》,《明代方志選(六)》,第647頁。

且節錄聖旨，多出昂傑、得茂二代，更為可信。故知洪武初歸附者，當為勝昌之父趙昂傑。

（三）洪武初，土官李鐵釘歸附，授世襲知州，設流官吏目佐之〔註12〕。

舊考，四庫館臣：「土官李鐵釘歸附。按李鐵釘，《一統志》作『李正英』。」〔註13〕

今按，洪武初始歸附授職者，本傳謂李鐵釘，《大清一統志》謂「李正英」，《土官底簿》謂「李玉英」。材料如下：

《廣西名勝志》：「洪武初，土官李鐵釘歸附，授世襲知州，以流官吏目佐之。」〔註14〕其前之《（萬曆）廣西通志》同之〔註15〕。更早之《（嘉靖）廣西通志》亦云：「土官知州李姓。洪武初，李鐵釘始授世襲知州。」〔註16〕此蓋本傳此句之源出。皆謂李鐵釘始歸附授知州。

《（嘉靖）廣西通志》述世系云：「（李鐵釘）死，子復初襲。死，子子實襲。死，子懋齡襲。死，子東襲。死，弟華保襲。死，子萬青襲。死，弟萬榮勘襲。死，弟萬新保襲。未授官死。今以弟萬和子顯奇保襲。」〔註17〕《（萬曆）廣西通志》延伸之：「顯奇死，子世興襲。世興死，子時嬌襲。時嬌死，子栢椿襲。」〔註18〕檢《土官底簿》：「李玉英，本州世襲土官。洪武二年歸附，授知州。二十四年患病，長男李福茂替職。故，長男李斌備馬赴京朝貢，告襲。永樂四年正月，奉聖旨：『著他做知州，欽此。』故，李復初。長男李子實，宣德二年二月奉聖旨：『著他做知州，欽此。』老疾，男李茂齡，正統十二年四月奉聖旨：『准他襲替，欽此。』患疾，男李季東，成化二年正月，准行，就彼冠帶襲。照舊軍前殺賊，候事寧之日，到任管事。成化三年二月病故，絕嗣。奏保親弟李季華，成化十三年七月，准就彼冠帶襲職。」〔註19〕《土官底簿》則只述至成化間之李季華，然其記錄更為詳細，且節錄聖旨，

〔註12〕《明史》卷三一八，清乾隆四年武英殿刻本，葉三。參見《明史》，中華書局1974年，第8231頁。
〔註13〕《明史考證攟逸》，《續修四庫全書》第294冊，第420頁。
〔註14〕《廣西名勝志》，《續修四庫全書》第735冊，第112頁。
〔註15〕《（萬曆）廣西通志》，《明代方志選（六）》，第650頁。
〔註16〕《（嘉靖）廣西通志》卷五一，葉一九。
〔註17〕《（嘉靖）廣西通志》卷五一，葉一九。
〔註18〕《（萬曆）廣西通志》，《明代方志選（六）》，第650頁。
〔註19〕《土官底簿》，《景印文淵閣四庫全書》第599冊，第399頁。

當更為可信。李復初前，有李玉英、李福茂、李斌三代，而《廣西通志》只有「李鐵釘」一代，不識李鐵釘是三人中何人之別名也。

　　《大清一統志》卷三六五「茗盈故州」下之「土夷考」云：「明洪武初，土官李正英歸附，授知州世襲。本朝仍予舊職，設流官吏目佐之。」〔註20〕作「李正英」。此「土夷考」，不識別有一書耶，抑《大清一統志》之一種體例？然察其文句，當清人所為，蓋抄錄《土官底簿》等諸書而成。疑「李正英」為「李玉英」之訛。

（四）洪武初，土官李郭佑歸附，授世襲知州，設流官吏目佐之〔註21〕。

　　今識，此與《土官底簿》之記錄，蓋未嘗矛盾也。辨證如下：

　　《廣西名勝志》：「洪武初，土官李郭佑歸附，授世襲知州，以流官吏目佐之。」〔註22〕《（萬曆）廣西通志》：「洪武初，土官李郭佑歸附，授世襲知州，以流官吏目佐之。郭佑死，子賽都襲。賽都死，子貴襲……」〔註23〕更早之《（嘉靖）廣西通志》亦如是〔註24〕。此蓋本傳此句之源出。《土官底簿》：「李賽都，本州世襲土官男。洪武元年總兵官歸附。二年授本州知州。故，嫡男李昶亦故，庶長男李貴，二十一年四月，准襲父職。永樂四年征進安南，被賊藥箭射傷，殘疾。」〔註25〕

　　《明太祖實錄》卷二三〇洪武二十六年十二月庚子條：「結倫州土官馮志威、安平州土官李貴、萬承州土官許郭安、泗城州土官岑振、南丹州土官莫金各遣其弟姪來朝，貢馬及方物。」〔註26〕黃彰健據之云：「與《土官底簿》所記合。《土官底簿》所記似更可信。」〔註27〕然《廣西通志》亦有李貴，是《明太祖實錄》卷二三〇洪武二十六年十二月庚子條非但與《土官底簿》合，亦與《廣西通志》合，據之不足以分別二書。且《土官底簿》之所云與《廣西通志》之所說，蓋未嘗矛盾也。其謂李賽都為「本州世襲土官男」，而不云「本

〔註20〕　《大清一統志》，《景印文淵閣四庫全書》第 482 冊，第 499 頁。
〔註21〕　《明史》卷三一八，清乾隆四年武英殿刻本，葉三。參見《明史》，中華書局 1974 年，第 8231 頁。
〔註22〕　《廣西名勝志》，《續修四庫全書》第 735 冊，第 111 頁。
〔註23〕　《（萬曆）廣西通志》，《明代方志選（六）》，第 643 頁。
〔註24〕　《（嘉靖）廣西通志》卷五一，葉一五。
〔註25〕　《土官底簿》，《景印文淵閣四庫全書》第 599 冊，第 396 頁。
〔註26〕　《明太祖實錄》，第 3369 頁。
〔註27〕　《廣西土司傳考證：明史纂誤三續》，《中國歷史研究》第 2 輯，第 68 頁。

州世襲土官」者，意在說明李賽都非始歸附授職者乎？

（五）宋隸太平寨。洪武元年，土官黃克嗣歸附，授世襲知州，設流官吏目佐之，屬太平府。萬曆二十八年，省入永康州〔註28〕。

舊考，四庫館臣：「『宋隸太平寨』至『省入安康州』。按思同州，《宋史》屬左江道，不屬太平寨。元時則屬太平路，見《一統志》。傳以為宋隸太平寨者誤也。其二十八年省入永康，《一統志》作二十七年，與此互異。」〔註29〕「宋隸太平寨」，庫本改為「元隸太平路」〔註30〕。

今按，不可輕易言「不屬太平寨」。理由如下：

《宋史·地理志》：「邕州，下，都督府，永寧郡，建武軍節度。開寶五年，廢朗寧、封陵、思龍三縣。大觀元年，升為望郡。紹興三年，置司市馬于橫山砦，以本路經略、安撫總州事，同提點買馬，專任武臣；隆興後文武通差。寶祐元年，兼邕、宜、欽、融鎮撫使。元豐戶五千二百八十八。貢銀。縣二……砦一：太平。舊領永平、太平、古萬、橫山四砦，《元豐九域志》止存太平一砦。金場一：鎮乃……羈縻州四十四，縣五，洞十一。忠州、凍州……思同州、安平州……並屬左江道。思恩州……並屬右江道。」〔註31〕檢更早之《元豐九域志》將「思同州」置於「左江」中，並於「左江」、「右江」後總云：「右四十三州五縣隸邕州。」〔註32〕皆謂思同隸屬邕州下之左江道。而太平寨與思同之關係則未言及。且《宋史》之敘述語焉不詳，如謂「舊領永平、太平、古萬、橫山四砦，《元豐九域志》止存太平一砦」，並不知太平等寨具體之建制沿革。宋王象之《輿地紀勝》卷一〇六於「左江右江」下云：「左江隸太平、永平寨，右江隸橫山寨。邕州有左江道、右江道，各管羈縻州。」〔註33〕是太平寨隸屬於左江道，左江道隸屬於邕州。思同隸屬於左江道，不足以駁思同隸屬於太平寨。

檢《（萬曆）太平府志》：「宋初仍唐制。仁宗皇祐初，陷於廣源蠻農智高

〔註28〕《明史》卷三一八，清乾隆四年武英殿刻本，葉三。參見《明史》，中華書局1974年，第8231頁。

〔註29〕《明史考證攟逸》，《續修四庫全書》第294冊，第420頁。

〔註30〕《明史》，《景印文淵閣四庫全書》第302冊，第588頁。

〔註31〕〔元〕脫脫等：《宋史》，中華書局1977年，第2240頁。

〔註32〕〔宋〕王存：《元豐九域志》，中華書局1984年，第503頁。

〔註33〕〔宋〕王象之：《輿地紀勝》，《續修四庫全書》第585冊，上海古籍出版社2002年，第58頁。

（廣源，今屬交阯。）五年，樞密使狄青平智高，改左江鎮為太平提舉司，領三寨。一曰太平寨（又名武寨，治麗江），領州一十有七。州曰太平、曰龍、曰養利、曰萬承、曰安平、曰上思誠、曰下思誠、曰思同、曰凍、曰龍英峒（今為州）、曰鐔峒（今併入龍英州）、曰懷恩峒（今併龍州）、曰安峒（今佶倫州）、曰結安峒（今結安州）、曰渠望峒（今都結州）、曰鎮遠、曰思明（今下思明州屬思明府）。」〔註34〕不知其說之源流，如可信，則思同是皇祐年間太平寨一十七州之一。故不可輕易言「不屬太平寨」。

至於四庫館臣言互異之《一統志》，是《大清一統志》。《大清一統志》：於永康故縣下云：「萬曆二十七年，併思同州入之，升縣為州。」〔註35〕四庫館臣之《明史》考證中，凡言《一統志》者，皆指《（乾隆）大清一統志》，言《明統志》者，方指《大明一統志》。黃雲眉誤以《一統志》指《大明一統志》，謂「《一統志》成於天順五年，安得下逮萬曆，不知舊考何以嚮壁虛造如是」〔註36〕。

（六）養利州，元屬太平路。洪武初土官趙日泰歸附，授知州，以次傳襲。宣德間，稍侵其鄰境，肆殺掠。萬曆三年討平之，改流官〔註37〕。

舊考，四庫館臣：「『宣德間，稍侵其鄰境，肆殺掠。萬麻三年討平之』改『宣德三年，其裔趙文安侵掠鄰境，七年討平之。』按《一統志》，宣德三年，日泰裔趙文安侵掠鄰境，伏辜。七年，置流官。此誤。」〔註38〕

今按，養利州之改流官，在宣德七年。辨證如下：

本傳此句，蓋源出《廣西名勝志》卷八：「州有養山、利水，合以為名。土官趙姓。我洪武初，有趙日泰者歸附，授知州，以次傳襲。至宣德間，稍用侵其隣塊殺掠，萬曆三年始平之，因改流。」〔註39〕云萬曆三年改流。

《（嘉靖）廣西通志》於「養利州」下云：「宣德初，土官以罪誅。宣德七年改除流官，革免三年之貢，至今流官相繼任事。土官知州趙姓。」〔註40〕

〔註34〕《（萬曆）太平府志》卷一，葉二。
〔註35〕《大清一統志》，《景印文淵閣四庫全書》第482冊，第499頁。
〔註36〕《明史考證》，第2509頁。
〔註37〕《明史》卷三一八，清乾隆四年武英殿刻本，葉三。參見《明史》，中華書局1974年，第8232頁。
〔註38〕《明史考證攟逸》，《續修四庫全書》第294冊，第420頁。
〔註39〕《廣西名勝志》，《續修四庫全書》第735冊，第100頁。
〔註40〕《（嘉靖）廣西通志》卷五〇，葉二〇。

云宣德七年改流。《（萬曆）太平府志》：「先治以土官知州姓趙。宣德六年，有趙文安者，以罪誅滅，改除流官，編戶二里。按養利州土官，原有趙日泰，授朝列大夫，知養利州事。洪武元年歸附，土官知州。死，其子志興襲。志興死，其子貴峯襲。貴峯死，其子芳襲。永樂十年，芳死，子武高襲。二十年，武高死，子文安襲。宣德三年，文安侵暴鄰境，□戮良民無□。督府捕逮，□沒其家，改銓流官。」〔註41〕據此是宣德三年作亂，六年誅滅，七年改流。《（萬曆）太平府志》約成書於萬曆五年。若萬曆三年討平養利土官，改流官，則該志書必書之。志書缺載，知萬曆三年之說不確。

《（萬曆）太平府志・藝文志》收有欽差提督學校廣西按察司僉事慈谿姚鏌撰《養利州興造記》：「自太平而北為養利州。州，土守也。宣德初，以僭逆誅。朝廷虛其官弗用，設流官同知、判官、吏目以理州事者，已五十餘年。成化間，知府韓廷彧言其非便。於是再為更定，去同知與判官弗用，設流官知州一與吏目一以理之者，又二十餘年。然其俗本夷，而流官至此者，亦復夷之，故官與民恒相訐，而不能以相適。」〔註42〕檢《（嘉靖）廣西通志・督學題名碑劃節記》：「姚鏌，字英之，浙江慈谿人。進士。弘治十六年以禮部員外郎任僉事，以憂去。正德五年再任。」〔註43〕則此碑之立，在弘治、正德間。可知宣德初已虛土司之官，使流官同知管事，到成化間則直接設流官知州。

又據《土官底簿》：「太平府養和州知州。趙志興，本州世襲土官籍。歸附，授本州知州。故，無嗣。本州頭目歐二等告保弟趙方，承襲兄職護印。故，男趙武寧年幼，布政司將本州印信暫令土官弟趙志真掌管。趙武寧出幼，襲職，永樂元年二月奉，欽此，既是年幼，免他來，准他襲了職，欽此。故，族目人等告保依庶兄趙武高襲職。五年九月奉聖旨，免他來，著襲了職，欽此。查得天順四年八月內，太平府知府林貴等奏保趙茂授職，本部參，係不准人數，本州已除流官管事年久，仍難准理。」〔註44〕察其襲替，與《（萬曆）太平府志》互有詳略，然所述者類似，知「養和」為「養利」之訛。云「趙志興，本州世襲土官籍」者，蓋非謂趙志興是始歸附授職者，只謂其有世襲土官之籍。由《（萬曆）太平府志》知，始歸附授職者是趙日泰，志興為其子。

〔註41〕〔明〕蔡迎恩修，〔明〕甘東陽纂：《（萬曆）太平府志》卷三，明萬曆五年刻本，葉二一。

〔註42〕〔明〕姚鏌：《養利州興造記》，《（萬曆）太平府志》卷三，葉數不明。

〔註43〕《（嘉靖）廣西通志》卷二四，葉二。

〔註44〕《土官底簿》，《景印文淵閣四庫全書》第599冊，第405、406頁。

由《土官底簿》知天順四年不准趙茂授職，緣流官管事年久。以此知萬曆三年之說不確。

職是之故，養利州之改流官，在宣德七年。此作「萬曆三年」不確。

（七）洪武初，土官許郭安歸附，授世襲知州，設流官吏目佐之。永樂間，郭安從征交阯，死於軍，子永誠襲〔註45〕。

今考，始歸附授職者，為許郭安之父許祖俊。「永誠」，一作「永成」。辨證如下：

《廣西名勝志》：「洪武初，土官許郭安歸附，授世襲知州，流官吏目佐之。永樂間征交阯，死于軍，子永誠襲。」〔註46〕更早之《（萬曆）廣西通志》〔註47〕與《廣西名勝志》同。再更早之《（嘉靖）廣西通志》：「土官知州許姓。其先有許郭安者，洪武初授世襲知州。永樂間征交阯，死于軍，子永誠襲。」〔註48〕此為本傳資料之來源。又《（萬曆）太平府志》：「許郭安。洪武初世襲知州。永樂年間，征交阯，死于軍前，子誠襲。永誠。郭安子。」〔註49〕皆作「永誠」。而《（嘉靖）廣西通志》及《（萬曆）太平府志》則不云郭安是始歸附者。

檢《土官底簿》：「許祖俊，本州世襲土官籍。洪武二年歸附，授知州。故，男許郭安保襲。永樂四年，總兵官委令土兵參隨官，征進安南。弟許郭泰俱各失陷。許永成，係庶長男，九年正月奉令旨：『是。准他襲。欽此。』」〔註50〕許郭安之前更有其父許祖俊，謂其子為許永成。《明太祖實錄》卷一八七洪武二十年十二月戊辰條：「永順宣慰彭添保、結倫州知州馮萬傑、養利州土官趙芳、鎮遠州土官趙士能、安平州判官馬堅、萬承州土官許祖俊、都結州土官儂武高、曲靖軍民府越州土官阿資各貢馬及方物。」〔註51〕《明太祖實錄》卷二三〇洪武二十六年十二月庚子條：「結倫州土官馮志威、安平州土官李貴、萬承州土官許郭安、泗城州土官岑振、南丹州土官莫金各遣其弟姪來

〔註45〕《明史》卷三一八，清乾隆四年武英殿刻本，葉三。參見《明史》，中華書局1974年，第8232頁。

〔註46〕《廣西名勝志》，《續修四庫全書》第735冊，第111頁。

〔註47〕《（萬曆）廣西通志》，《明代方志選（六）》，第644頁。

〔註48〕《（嘉靖）廣西通志》卷五一，葉一六。

〔註49〕《（萬曆）太平府志》卷三，葉數不明。

〔註50〕《土官底簿》，《景印文淵閣四庫全書》第599冊，第398頁。

〔註51〕《明太祖實錄》，第2806頁。

朝，貢馬及方物。」〔註52〕與《土官底簿》所記合。故郭安不是始歸附者，始歸附者蓋為其父許祖俊。

又《明宣宗實錄》卷二八宣德二年戊申條：「廣西思明府土官知府黃㻞遣族人黃文德，萬承州知州許永成遣族人許永昌，龍州故土官知州子趙仁政遣族人趙忠等進馬。」〔註53〕亦作「永成」。與《土官底簿》同。黃彰健曾論及之〔註54〕。

（八）洪武初，土官李添慶歸附，授世襲知州，設流官吏目佐之〔註55〕。

舊考，四庫館臣：「土官李添慶歸附。按李添慶，《一統志》作許添慶。」〔註56〕

今按，全茗土官為許姓，非李姓。又始歸附授職者當為許武興。辨證如下：

《廣西名勝志》：「洪武初，土官李添慶歸附，授知州，以流官吏目佐之。」〔註57〕更早之《（萬曆）廣西通志》同之〔註58〕。此蓋本傳此句之源出。然更早之《（嘉靖）廣西通志》卷五一：「土官知州許姓。元泰定間，有許文傑者□□。傳至許添慶，洪武初始授世襲知州。死，子武堅襲。死，子誠保襲。死子均玉襲。死，子勝安襲。死，無嗣，以姪榮高保襲。生子德瑛。」〔註59〕作「許添慶」。《（萬曆）太平府志》卷三於「全茗州」下有萬曆二年十二月初九日所立碑刻之碑文云：「先年全茗州土官男許福海，祖許榮高，父許金歷年□告，爭戰不休。」〔註60〕按其後述土知州世系，榮高實為福海之曾祖。土知州世系中亦云：「許添慶，洪武初始授世襲知州。」亦可證全茗土官為許姓。

檢《土官底簿》：「全茗州知州。許武興，本州世襲土官籍。洪武二年開

〔註52〕《明太祖實錄》，第3369頁。

〔註53〕《明宣宗實錄》，第735頁。

〔註54〕《廣西土司傳考證：明史纂誤三續》，《中國歷史研究》第2輯，第68頁。

〔註55〕《明史》卷三一八，清乾隆四年武英殿刻本，葉四。參見《明史》，中華書局1974年，第8232頁。

〔註56〕《明史考證攟逸》，《續修四庫全書》第294冊，第420頁。

〔註57〕《廣西名勝志》，《續修四庫全書》第735冊，第111頁。

〔註58〕《（萬曆）廣西通志》，《明代方志選（六）》，第649頁。

〔註59〕《（嘉靖）廣西通志》卷五一，葉一七。

〔註60〕《（萬曆）太平府志》卷三，葉數不明。

設衙門，管事。故，弟許武明承襲。故，無子，許添慶係許武明親叔，奏准承襲。故，長男許武堅年一十歲，咨部，永樂元年二月，奉聖旨：『既是年幼，免他來，准他襲了職。欽此。』孫男許均玉，景泰四年六月，准就彼冠帶。故，男許勝安，成化十三年七月，准就彼冠帶，襲職。」〔註61〕其所述襲替與廣西地方志書同，唯許添慶前增其姪輩兩任土官，必有所據，當以之為是。始歸附授職者當為許武興。胡起望〔註62〕、黃彰健〔註63〕曾論及之。

胡起望曾引《大新縣僮族調查資料》：「（全茗土州與茗盈土州）兩茗原來只有一個土州，不知在那一朝代，土官給他兩個兒子分而治之，一個跟父姓李，得茗盈；一個跟母姓許，得全茗，始有兩茗之名。他們本是同胞兄弟，故後在李、許兩姓永不通婚。」〔註64〕兩姓或有淵源，故錄於此，以備考證。

（九）結安州，舊名營周，亦西原、農峒地〔註65〕。

舊考，四庫館臣：「舊名營周。『周』改『州』。按《一統志》及《土夷考》俱作營州。此誤。」〔註66〕

今按，竊以為不必改。辨證如下：

《廣西名勝志》：「舊名營周，為西原、農峒地。」〔註67〕更早之《（萬曆）廣西通志》同之〔註68〕。此蓋本傳此句之源出。作「營周」，與本傳同。《大明一統志》無相關記錄，《大清一統志》等書之說法從上引諸書來，是《大清一統志》等書誤。

（一〇）洪武元年，土官張仕榮歸附，授世襲知州，設流官吏目佐之〔註69〕。

今考，始歸附授職者當為張仕泰。辨證如下：

《廣西名勝志》：「洪武元年，土官張仕榮歸附，授世襲知州，設流官吏

〔註61〕《土官底簿》，《景印文淵閣四庫全書》第599冊，第398頁。
〔註62〕胡起望：《明史廣西土司傳校補》，《民族研究》，1979年第2期，第47頁。
〔註63〕《廣西土司傳考證：明史纂誤三續》，《中國歷史研究》第2輯，第69頁。
〔註64〕胡起望：《明史廣西土司傳校補》，《民族研究》，1979年第2期，第47頁。
〔註65〕《明史》卷三一八，清乾隆四年武英殿刻本，葉四。參見《明史》，中華書局1974年，第8232頁。
〔註66〕《明史考證攟逸》，《續修四庫全書》第294冊，第420頁。
〔註67〕《廣西名勝志》，《續修四庫全書》第735冊，第112頁。
〔註68〕《（萬曆）廣西通志》，《明代方志選（六）》，第653頁。
〔註69〕《明史》卷三一八，清乾隆四年武英殿刻本，葉四。參見《明史》，中華書局1974年，第8232頁。

目佐之。」〔註70〕更早之《（萬曆）廣西通志》同之〔註71〕。《（嘉靖）廣西通志》:「土官知州張姓。其先有仕榮者,始授世襲知州。死,子襲。死,子伯綱勘襲。死,無嗣,弟伯通襲。死,子文貴襲。死,子威顯保襲。生子世忠。」〔註72〕此蓋本傳此句之源出。

檢《土官底簿》:「結安州知州。張仕泰,本州世襲土官。洪武元年歸附,二年除授知州。故,絕。親弟張仕榮赴京朝貢,二十六年襲。故,長男張高,永樂四年正月奉聖旨:『准他襲,欽此。』正統十一年,布政司咨據該州倘甲村土民趙王二等告,稱被結倫州知州馮宗富等聚眾將本州知州張高殺死。」〔註73〕張仕榮前尚有其兄張仕泰任職,且張仕泰為始歸附授職者。《土官底簿》所記時間範圍雖短,然記錄較詳,多出張仕泰,必有所據。宜從之。黃彰健曾論及之〔註74〕。

（一一）洪武元年,土官李世賢歸附,授世襲知州,割上懷地益其境,設流官吏目佐之〔註75〕。

舊考,四庫館臣:「土官李世賢歸附。按李世賢,《一統志》作趙世賢。」〔註76〕

今按,「李世賢」為「趙世賢」之訛。趙世賢,一作「趙土賢」。辨證如下:

《廣西名勝志》:「洪武元年,土官李世賢歸附,授世襲知州。割上懷州地,入其版圖。以流官吏目佐之。」〔註77〕《（萬曆）廣西通志》同之〔註78〕。作「李世賢」。此蓋本傳此句材料之源出。然更早之《（嘉靖）廣西通志》:「土官知州趙姓。元時有趙斗南、元齡、忠順、世全、世堅相繼襲。官至□□。國朝洪武元年,元齡子世賢歸附,錫印,授世襲知州,割上懷州地入其版圖。世賢死,以弟世忠襲。」〔註79〕同時之《（萬曆）太平府志》卷三於「龍英州」下

〔註70〕《廣西名勝志》,《續修四庫全書》第 735 冊,第 112 頁。

〔註71〕《（萬曆）廣西通志》,《明代方志選（六）》,第 653 頁。

〔註72〕《（嘉靖）廣西通志》卷五一,葉二一。

〔註73〕《土官底簿》,《景印文淵閣四庫全書》第 599 冊,第 406 頁。

〔註74〕《廣西土司傳考證:明史纂誤三續》,《中國歷史研究》第 2 輯,第 69 頁。

〔註75〕《明史》卷三一八,清乾隆四年武英殿刻本,葉四。參見《明史》,中華書局 1974 年,第 8232 頁。

〔註76〕《明史考證攟逸》,《續修四庫全書》第 294 冊,第 420 頁。

〔註77〕《廣西名勝志》,《續修四庫全書》第 735 冊,第 112 頁。

〔註78〕《（萬曆）廣西通志》,《明代方志選（六）》,第 652 頁。

〔註79〕《（嘉靖）廣西通志》卷五一,葉二○。

云：「土知州。趙世賢，洪武元年歸附，錫印，世襲知州。死無嗣。趙世忠，世賢弟。」〔註80〕皆云「趙世賢」。知本傳此句之「李世賢」為「趙世賢」之訛。

《土官底簿》：「龍英州知州。趙士賢，本州世襲土官籍。洪武元年歸附，授本州知州。故，男趙人忠十二年襲。」〔註81〕則作「趙士賢」。未詳孰是。

（一二）結倫州，舊名邦兜，亦西原、農峒地〔註82〕。

舊考，四庫館臣：「結倫州舊名邦兜。『邦』改『那』。按《一統志》及《土夷考》均作『那兜』。」

今按，是也。且「結倫州」，一作「佶倫州」。辨證如下：

《廣西名勝志》：「舊名那兜。」〔註83〕其先之《（萬曆）廣西通志》同之〔註84〕。更早之《（嘉靖）廣西通志》：「舊名那兜。」〔註85〕此本傳此句材料之源出。同時之《（萬曆）太平府志》卷三於「佶倫州」下云：「舊名那兜。」〔註86〕《明史稿》已作「邦兜」〔註87〕。蓋《明史稿》刪潤來源材料時，訛「那」為「邦」矣。

《廣西名勝志》〔註88〕、《（萬曆）廣西通志》〔註89〕、《（嘉靖）廣西通志》〔註90〕、《（萬曆）太平府志》〔註91〕皆作「佶倫州」。《土官底簿》〔註92〕、《大明一統志》〔註93〕作「結倫州」。蓋二者皆可並存。

（一三）宋置安峒〔註94〕。

〔註80〕《（萬曆）太平府志》卷三，葉數不明。
〔註81〕《土官底簿》，《景印文淵閣四庫全書》第599冊，第396頁。
〔註82〕《明史》卷三一八，清乾隆四年武英殿刻本，葉四。參見《明史》，中華書局1974年，第8232頁。
〔註83〕《廣西名勝志》，《續修四庫全書》第735冊，第112頁。
〔註84〕《（萬曆）廣西通志》，《明代方志選（六）》，第654頁。
〔註85〕《（嘉靖）廣西通志》卷五一，葉二二。
〔註86〕《（萬曆）太平府志》卷三，葉數不明。
〔註87〕《明史稿》第七冊，第188頁。
〔註88〕《廣西名勝志》，《續修四庫全書》第735冊，第112頁。
〔註89〕《（萬曆）廣西通志》，《明代方志選（六）》，第654頁。
〔註90〕《（嘉靖）廣西通志》卷五一，葉二二。
〔註91〕《（萬曆）太平府志》卷三，葉數不明。
〔註92〕《土官底簿》，《景印文淵閣四庫全書》第599冊，第396頁。
〔註93〕《大明一統志》，第1302頁。
〔註94〕《明史》卷三一八，清乾隆四年武英殿刻本，葉四。參見《明史》，中華書局1974年，第8232頁。

舊考，四庫館臣：「宋置安峒。改宋屬結安峒。按《方輿紀要》，結倫州，宋為結安峒地。此脫結字，且不當云宋置。」〔註95〕

今按，竊以為不必改。辨證如下：

中華書局點校本增「結」字，並云：「宋置結安峒。結安峒，原脫『結』字，據上文及《寰宇通志》卷一一〇、《明一統志》卷八五改。」〔註96〕按《大明一統志》：「結安州。在府城東北，宋為結安洞，隸太平寨。元隸太平路，後改為州。本朝因之。結倫州、都結州。俱在府城東北。以上二州建隸沿革與結安州同。」〔註97〕《方輿紀要》晚出，於此問題大略同《明一統志》。此四庫館臣及中華書局改字之由也。

檢《廣西名勝志》：「宋置安峒。」〔註98〕其先之《（萬曆）廣西通志》同之〔註99〕。更早之《（嘉靖）廣西通志》：「宋為安峒。」〔註100〕此本傳此句材料之源出。同時之《（萬曆）太平府志》卷三於「佶倫州」下云：「宋皇祐五年置安峒，隸太平寨。」〔註101〕皆作「安峒」。又《（嘉靖）廣西通志》：「土官知州馮姓。舊為那兜峒長，繼為安峒知峒。元末有馮萬傑者。」〔註102〕據此，安峒是佶倫州位置上之地點，非覆蓋結安州、結倫州、都結州之大地點。《（萬曆）太平府志》：「宋初仍唐制。仁宗皇祐初，陷於廣源蠻儂智高（廣源，今屬交阯。）五年，樞密使狄青平智高，改左江鎮為太平提舉司，領三寨。一曰太平寨（又名武寨，治麗江），領州一十有七。州曰太平、曰龍、曰養利、曰萬承、曰安平、曰上思誠、曰下思誠、曰思同、曰凍、曰龍英峒（今為州）、曰聳峒（今併入龍英州）、曰懷恩峒（今併龍州）、曰安峒（今佶倫州）、曰結安峒（今結安州）、曰渠望峒（今都結州）、曰鎮遠、曰思明（今下思明州屬思明府）。」〔註103〕不知其說之源流，如可信，則安峒是皇祐年間太平寨一十七州之一。職是之故，在廣西方志系統中，安峒有別於結安峒。

〔註95〕《明史考證攟逸》，《續修四庫全書》第294冊，第420頁。
〔註96〕《明史》，中華書局1974年，第8255頁。
〔註97〕《大明一統志》，第1302頁。
〔註98〕《廣西名勝志》，《續修四庫全書》第735冊，第112頁。
〔註99〕《（萬曆）廣西通志》，《明代方志選（六）》，第654頁。
〔註100〕《（嘉靖）廣西通志》卷五一，葉二二。
〔註101〕《（萬曆）太平府志》卷三，葉數不明。
〔註102〕《（嘉靖）廣西通志》卷五一，葉二二。
〔註103〕《（萬曆）太平府志》卷一，葉二。

（一四）洪武二年，峒長馮萬傑歸附，授世襲知州，設流官吏目佐之〔註104〕。

舊考，四庫館臣：「洪武二年。改『洪武初』。」〔註105〕

今按，上條考證增一字，故於此減一字。然馮萬傑之歸附，在洪武元年，授職在二年。辨證如下：

《廣西名勝志》：「洪武元年，峒長馮萬傑歸附，授世襲知州，流官吏目佐之。」〔註106〕《（萬曆）廣西通志》同之〔註107〕。檢此二書材料之源頭，《（嘉靖）廣西通志》云：「元末有馮萬傑者，國朝洪武元年，率眾歸附。二年錫印，始授世襲知州。」〔註108〕同時之《（萬曆）太平府志》卷三於「佶倫州」下云：「馮萬傑。洪武元年歸附。二年錫印，世襲知州。」〔註109〕又據《土官底簿》：「馮萬傑，本州世襲土官知州。洪武二年除授。」〔註110〕由是可知馮萬傑之歸附，在洪武元年，授職在二年。《廣西名勝志》與《（萬曆）廣西通志》，以歸附時間籠統言之。本傳此句，則以授職時間籠統言之。為防誤讀，謹附識。

（一五）洪武元年，土官趙貼從歸附，授世襲知州，設流官吏目佐之，屬太平府。貼從死，子福瑪襲。永樂四年從征交阯，死於軍〔註111〕。

今考，「貼從」為「帖從」之訛。「福瑪」，一作「福禹」。辨證如下：

《廣西名勝志》：「洪武元年，土官趙帖從歸附，錫印，授世襲知州，以流官吏目佐之。帖從死，子福瑪襲。永樂四年征交阯，死于軍。」〔註112〕其先之《（萬曆）廣西通志》同之〔註113〕。更早之《（嘉靖）廣西通志》：「土官知州趙姓。元為龍州屬官。國朝洪武元年，趙帖從納款內附。二年，錫印，授世襲知州，以州改隸太平。帖從死，子福瑪襲。永樂四年征交阯，死于

〔註104〕《明史》卷三一八，清乾隆四年武英殿刻本，葉四。參見《明史》，中華書局1974年，第8232頁。

〔註105〕《明史考證攟逸》，《續修四庫全書》第294冊，第420頁。

〔註106〕《廣西名勝志》，《續修四庫全書》第735冊，第112頁。

〔註107〕《（萬曆）廣西通志》，《明代方志選（六）》，第654頁。

〔註108〕《（嘉靖）廣西通志》卷五一，葉二二。

〔註109〕《（萬曆）太平府志》卷三，葉數不明。

〔註110〕《土官底簿》，《景印文淵閣四庫全書》第599冊，第396頁。

〔註111〕《明史》卷三一八，清乾隆四年武英殿刻本，葉四。參見《明史》，中華書局1974年，第8232頁。

〔註112〕《廣西名勝志》，《續修四庫全書》第735冊，第111頁。

〔註113〕《（萬曆）廣西通志》，《明代方志選（六）》，第654頁。

軍。」〔註114〕此蓋本傳此句之材料源出。皆作「帖從」。又《（萬曆）太平府志》卷三於「上下凍州」下云：「洪武元年歸附。二年，印襲世授知州。死，子福瑪承襲。趙帖從，死，子福瑪襲。」〔註115〕亦作「帖從」。《土官底簿》：「趙帖從，本州世襲土官籍。父趙清任，前授龍州萬戶府元師。生長兄趙帖堅，前授萬戶府萬戶。洪武元年將印并腳色歸附。洪武二年，龍州趙帖從齎貢赴京朝覲。蒙將趙帖從除授太平府上下凍州知州。故，長男趙福祥襲職，被人射死。次男趙福高亦故。三男趙福禹承襲。永樂四年，調管領土兵征進安南，失陷。」〔註116〕作「帖從」。職是之故，本傳此句之「貼從」為「帖從」之訛。又據《土官底簿》知，「福瑪」，一作「福禹」。

　　據上所引材料，趙帖從，洪武元年歸附，二年授職。此作元年者，據歸附時間籠統言之也。謹附識。

　　《明太祖實錄》卷六〇洪武四年正月己亥條：「龍州知州趙帖堅遣其弟帖從來朝貢方物。」〔註117〕蓋此時無單獨注出帖從之職銜，故黃彰健據此條云：「則帖從之授上下凍州知州，恐不在洪武元年或二年也。」〔註118〕按《（萬曆）太平府志》卷三於「上下凍州」下云：「元分上凍、下凍二州，隸太平路。至二十年，上凍土官張紹、下凍土官馮喜叛，朝命征之。龍州土官弟趙帖從獲二逆有功，遂合為上下凍州，以帖從知州事，隸龍州萬戶府。我朝隸太平府。」〔註119〕是以，帖從元時已是上下凍州知州。則入於明朝，亦當在洪武二年授職，合乎情理。《實錄》此條無注帖從職銜者，或以上下凍州久屬龍州，帖從亦算帖堅之下屬。似不當以之難方志及《底簿》。又附識。

（一六）洪武元年，土官趙雄傑歸附，授世襲知州，設流官吏目佐之〔註120〕。

　　舊考，四庫館臣：「土官趙雄傑歸附。按趙雄傑，《一統志》作『趙斗清』。」〔註121〕

〔註114〕《（嘉靖）廣西通志》卷五一，葉二四。

〔註115〕《（萬曆）太平府志》卷三，葉數不明。

〔註116〕《土官底簿》，《景印文淵閣四庫全書》第599冊，第399頁。

〔註117〕《明太祖實錄》，第1177頁。

〔註118〕《廣西土司傳考證：明史纂誤三續》，《中國歷史研究》第2輯，第70頁。

〔註119〕《（萬曆）太平府志》卷三，葉數不明。

〔註120〕《明史》卷三一八，清乾隆四年武英殿刻本，葉四。參見《明史》，中華書局1974年，第8233頁。

〔註121〕《明史考證攟逸》，《續修四庫全書》第294冊，第420頁。

今按，始歸附授職者當為趙斗清。辨證如下：

《廣西名勝志》：「洪武元年，州酋長趙雄傑歸附，授世襲知州，以流官吏目佐之。」〔註122〕更早之《（萬曆）廣西通志》同之〔註123〕。《（嘉靖）廣西通志》：「土官知州趙姓。舊為思城州酋長，寔元太平路屬官。國朝洪武元年歸附，二年錫印，改州曰思城，以趙雄傑授世襲知州。生子智顯、智輝，雄傑死，智顯勘襲未授，先死。子福惠尚幼。乃以叔智輝借襲父職。死，無嗣，福惠襲。」〔註124〕此蓋本傳此句之源出。又《（萬曆）太平府志》卷三於「思城州」下云：「趙雄傑。〔洪〕（弘）武元年歸附，二年錫印，授世襲知州，生子智顯、智輝。雄傑死，智顯勘襲未定，先死。子福惠尚幼。乃以弟智輝借襲父職。」〔註125〕

查《土官底簿》：「趙斗清，本州世襲土官籍。洪武元年歸附，授知州，故。男趙雄威洪武十年承襲。故，無子，弟趙雄傑，二十九年七月，奉聖旨：『准他襲，欽此。』故，長男趙志顯護印，亦故。次男趙志暉，永樂十六年正月，奉聖旨：『准他襲了罷。欽此。』故，七年，男趙福惠襲……」〔註126〕趙雄傑前尚有其父兄二代任職，且以其父趙斗清為始歸附授職者。《土官底簿》所記時間範圍雖短，然記錄較詳，多出二代，必有所據。宜從之。黃彰健曾論及之〔註127〕。

（一七）成化八年，其裔孫楊雄傑糾合峒賊二千餘人，入宣化縣劫掠，且偽署官職。總兵官趙輔捕誅之。因改流官〔註128〕。

今考，楊雄傑之亂，趙輔捕之，在成化元年。此云八年者，實指改流官之時間，而以雄傑之亂為追溯。然改流官之時間，當在成化十四年。辨證如下：

《廣西名勝志》：「成化八年，其子孫楊雄傑糾合峒賊二千餘人，入宣化縣刮虜，且偽署官職，總兵官趙輔等擒誅之。因改流。」〔註129〕蓋即本傳此

〔註122〕《廣西名勝志》，《續修四庫全書》第735冊，第111頁。

〔註123〕《（萬曆）廣西通志》，《明代方志選（六）》，第642頁。

〔註124〕《（嘉靖）廣西通志》卷五一，葉一四。

〔註125〕《（萬曆）太平府志》卷三，葉數不明。

〔註126〕《土官底簿》，《景印文淵閣四庫全書》第599冊，第397、398頁。

〔註127〕《廣西土司傳考證：明史纂誤三續》，《中國歷史研究》第2輯，第70頁。

〔註128〕《明史》卷三一八，清乾隆四年武英殿刻本，葉四。參見《明史》，中華書局1974年，第8233頁。

〔註129〕《廣西名勝志》，《續修四庫全書》第735冊，第100頁。

句材料之源出。更早之《（嘉靖）廣西通志》於「永康縣」下云：「土官知縣楊姓。其先世名籍無考。自宋及元世襲。國初內附，錫印，授官，貢馬□□征兵。成化初，以罪誅，八年始改銓流官。」〔註130〕是以成化八年改流官，以楊雄傑之亂在成化初。檢《明憲宗實錄》卷一八成化元年六月辛丑條：「巡按廣西監察御史方佑等奏，永康縣土官楊雄傑糾合峒賊二千餘人，擅入宣化縣地方，劫虜不勝殘酷，且偽署官職，閹割人民，又虜去典史等官。上命總兵官趙輔等擒治之。」〔註131〕知楊雄傑之亂，趙輔捕之，在成化元年。由是知，本傳此句所云八年者，亦即《廣西名勝志》所云之八年，實指改流官之時間，而以雄傑之亂為追溯。

然檢《明憲宗實錄》卷一八四成化十四年十一月丁卯條：「裁革廣西養利州土官知州、永康縣土官知縣，置流官知州、知縣各一員。巡撫都御史朱英言，養利土官知州趙武高子文安，往年嘗有罪，籍其家。永康土官知縣楊雄傑亦以罪置極典，其族人連年爭襲，重為民患。今承平既久，聲教日敷，乞裁革土官，置流官便。養利州流官同知、判官可並裁之。上從其議。」〔註132〕《土官底簿》：「永康縣知縣。楊榮賢，前元永康縣尹。楊朝英，男，洪武元年歸附，授本縣知縣……故，男楊雄傑，成化二年正月，准行冠帶，未襲，楊雄傑照舊軍前殺賊，候事寧到任。文選司缺冊內查得，成化十四年十一月，改設流官潘衡。」〔註133〕《國榷》卷三八成化十四年十一月丁卯條：「廣西養利州、永康縣俱改流官。時土官趙文安、楊雄傑俱以罪除。」〔註134〕皆以永康縣之改流在成化十四年。當是也。

（一八）洪武初，土官黃勝爵歸附，授世襲知州。再傳，子孫爭襲，相仇殺。成化十三年改流官〔註135〕。

今考，始歸附授職者當為黃郭鼎。辨證如下：

《廣西名勝志》：「土官黃姓。洪武初，黃勝爵歸附，授知州。再傳，子孫

〔註130〕《（嘉靖）廣西通志》卷五〇，葉二三。
〔註131〕《明憲宗實錄》，第375頁。
〔註132〕《明憲宗實錄》，第3310頁。按廣西，原作「陝西」，據《校勘記》改。見《明憲宗實錄校勘記》，第557頁。
〔註133〕《土官底簿》，《景印文淵閣四庫全書》第599冊，第395頁。
〔註134〕《國榷》，第2408頁。
〔註135〕《明史》卷三一八，清乾隆四年武英殿刻本，葉五。參見《明史》，中華書局1974年，第8233頁。

爭襲相仇殺。成化十三年改流。」〔註136〕此蓋本傳此句材料之源出。然查更早之《（嘉靖）廣西通志》：「土官知州黃姓，先世名籍無考。初有黃勝爵者襲知州，生黃德高。」〔註137〕。又《（萬曆）太平府志》卷三於「左州」下云：「左州土官，其先有黃勝爵者襲知州。勝爵死，子德高襲。」〔註138〕皆以黃勝爵為襲職者，非始歸附授職者。知《廣西名勝志》之說有待商榷。

查《土官底簿》：「左州同知。黃郭鼎，前朝左州知州黃萬明男，被上思州官族黃宗順興兵侵占趕逼，郭鼎流移龍州住坐。洪武元年歸附。前土官知府黃英衍將原占本州印信繳納總兵官處。二年，蒙降本州印信，黃英衍拘留在已。三年，本州鄉老接取黃郭鼎回州復業。故，親男黃佛生，二十二年府令署事。二十八年，為謀殺等事，府帖准令男黃慶斌暫署州事。三十年，為陳情事提取，絕嗣。本年除流官知州張思溫赴任。三十二年放回為民。鄉老張五等告保黃勝爵係土官宗派應襲。三十二年，准襲本州同知職事。後有耆民人等周安等隨本官朝賀，告保同知黃勝爵陞除知州，本部議擬不准。永樂元年正月奉聖旨：『他首先來朝，又有人保他陞做知州，只不做世襲，若不守法度時，換了，欽此。』故，男黃蘊亮年幼，宣德七年出幼，奉聖旨：『准他做，只不世襲，欽此。』故，成化十二年并二十年節該伊次男黃昱奏襲，行勘未報。文選司缺冊，成化十三年選流官知州韓隆、周安。」〔註139〕更可證黃勝爵為襲職者，非始歸附授職者。始歸附授職者為黃郭鼎。

（一九）洪武初，土官黃宣、黃富歸附，並授世襲知縣，設流官典史佐之〔註140〕。

今考，始歸附授職者，羅陽縣為黃谷保，陀陵縣為黃福壽。辨證如下：

先說羅陽縣。《廣西名勝志》：「洪武初，土官黃宣歸附，授世襲知縣，以流官典史佐之。」〔註141〕其先之《（萬曆）廣西通志》〔註142〕同之。更早之《（嘉靖）廣西通志》：「土官知縣黃姓。其先有黃宣者，洪武二年歸附，錫印，

〔註136〕《廣西名勝志》，《續修四庫全書》第735冊，第99頁。
〔註137〕《（嘉靖）廣西通志》卷五〇，葉一九。
〔註138〕《（萬曆）太平府志》卷三，葉一。
〔註139〕《土官底簿》，《景印文淵閣四庫全書》第599冊，第400頁。
〔註140〕《明史》卷三一八，清乾隆四年武英殿刻本，葉五。參見《明史》，中華書局1974年，第8233頁。
〔註141〕《廣西名勝志》，《續修四庫全書》第735冊，第113頁。
〔註142〕《（萬曆）廣西通志》，《明代方志選（六）》，第656頁。

授世襲知縣。死，子廣通保襲。死，子宗愈先死，以孫敬仁襲。死，子景淳保襲。生子鈺麟。」〔註143〕此蓋本傳此句材料之源出。又《（萬曆）太平府志》卷三於「羅陽縣」下云：「黃宣，洪武二年歸附，錫印，世襲知縣。死，子黃通襲。」〔註144〕皆以黃宣為羅陽縣之始歸附授職者。

　　檢《土官底簿》：「太平府羅陽縣知縣。黃宗愈祖父黃瑄，係本縣世襲土官，伯父黃谷保，洪武二年授任本縣知縣。四年，有忠州官族黃郎道首下頭目黃陸陪逃來本縣藏躲，官軍緝捕，黃谷保奔入山岩，自割身死。子嗣勤殺盡絕。祖父黃得全因年老被馱盧興兵霸占，縣治不能安居，與父黃用隆出外倚住。洪武七年招諭回縣。民人黃桂壽告保管辦縣事，未蒙實授。各病故。黃宣係黃谷保親姪，洪武十八年閏九月奉聖旨：『既是照勘明白，准他襲，欽此。』故，男黃廣通，宣德五年正月奉聖旨：『准他，欽此。』故，絕，弟黃廣海，宣德八年二月奉聖旨：『准他襲，欽此。』故，男黃宗愈體勘明白，准令就彼冠帶，承襲管事。天順三年七月奉聖旨：『是。欽此。』故，男黃仁敬，成化十三年七月准就彼冠帶，襲職。」〔註145〕是黃谷保為始歸附授職者。黃宣，一作黃瑄，係黃谷保親姪。

　　再說陀陵縣。《廣西名勝志》：「洪武初，土官黃富歸附，授世襲知縣，以流官典史佐之。」〔註146〕其先之《（萬曆）廣西通志》〔註147〕同之。更早之《（嘉靖）廣西通志》：「土官知縣黃姓。洪武間有黃富者，始授世襲知縣。死，子永寬勘襲。死，子晟襲。死，子文榮勘襲。死，子萬寧保襲。」〔註148〕此蓋本傳此句材料之源出。又《（萬曆）太平府志》卷三於「陀陵縣」下云：「黃富。洪武初始授世襲知縣。死，子永寬襲。」〔註149〕皆以黃富為陀陵縣之始歸附授職者。

　　檢《土官底簿》：「陀陵縣知縣。黃福壽，係本縣世襲土官，歸附，降印。被本府土官知府黃英憝拘黃在已。後洪武十三年內將帶出，離府治。黃福壽故，男黃真亮年幼，本府委吏廖宗錫委同權縣，十一年帖仰令黃真亮暫署縣

〔註143〕　《（嘉靖）廣西通志》卷五一，葉二六。
〔註144〕　《（萬曆）太平府志》卷三，葉數不明。
〔註145〕　《土官底簿》，《景印文淵閣四庫全書》第599冊，第395頁。
〔註146〕　《廣西名勝志》，《續修四庫全書》第735冊，第113頁。
〔註147〕　《（萬曆）廣西通志》，《明代方志選（六）》，第657頁。
〔註148〕　《（嘉靖）廣西通志》卷五一，葉二五。
〔註149〕　《（萬曆）太平府志》卷三，葉數不明。

事。二十年到縣署事。三十二年實授。長男黃勝佑，永樂六年七月奉聖旨：『既是土官，如今著他襲實授的知縣，還取布政司與太平府的保結，欽此。』故，親男黃璉，宣德七年奉聖旨：『著他襲，欽此。』故，正統十一年五月奏准，令堂兄黃富襲職。故，男黃永寬保襲。間亦故，嫡長孫黃晟應襲，成化十三年五月准就彼冠帶，到任管事。」〔註150〕是黃富之前，更有多代傳襲。黃福壽當為始歸附授職者。

思明

（二〇）宋隸太平寨〔註151〕。

今考，「太平寨」為「永平寨」之訛。辨證如下：

《大明一統志》：「宋隸邕州永平寨。」〔註152〕作「永平寨」。更早之《大明清類天文分野之書》卷二〇：「宋景祐四年立永平寨，慶曆八年立古萬寨，天聖二年立遷隆鎮。以本州屬于永平寨。」〔註153〕作「永平寨」。地方志書，《（嘉靖）廣西通志》：「宋隸邕州永平寨。」〔註154〕《（萬曆）廣西通志》：「宋隸永平寨。」〔註155〕《廣西名勝志》同之〔註156〕。皆作「永平寨」。檢《明史稿》原作「永平寨」〔註157〕。是《明史》刪潤《明史稿》時，訛「永平」為「太平」矣。

（二一）（洪武）二十三年，忽都子黃廣平遣思州知州黃志銘率
　　　　屬部，偕十五州土官李圓泰等來朝〔註158〕。

今考，「思州」為「思明州」之訛。辨證如下：

本傳此句之取材，《明太祖實錄》卷二〇六洪武二十三年十二月戊子條：「思明府知府黃廣平遣思明州知州黃志銘率其屬部及太平府龍英州等十五州

〔註150〕　《土官底簿》，《景印文淵閣四庫全書》第599冊，第395頁。
〔註151〕　《明史》卷三一八，清乾隆四年武英殿刻本，葉五。參見《明史》，中華書局1974年，第8233頁。
〔註152〕　《大明一統志》，第1304頁。
〔註153〕　《大明清類天文分野之書》，《續修四庫全書》第586冊，第274頁。
〔註154〕　《（嘉靖）廣西通志》卷五二，葉一。
〔註155〕　《（萬曆）廣西通志》，《明代方志選（六）》，第659頁。
〔註156〕　《廣西名勝志》，《續修四庫全書》第735冊，第113頁。
〔註157〕　《明史稿》第七冊，第189頁。
〔註158〕　《明史》卷三一八，清乾隆四年武英殿刻本，葉五。參見《明史》，中華書局1974年，第8234頁。

土官李圓泰等、馬湖府泥溪雷坡等長官司、土官俱來朝，貢馬及方物。」〔註159〕原作「思明州」。據《土官底簿》：「思明府思明州知州。黃志銘，父黃均壽，係本府知府。黃忽都弟。款附。洪武二年三月，赴京，授思明州知州。故，志銘，洪武二十一年七月，奉聖旨：『著他襲了。欽此。』」〔註160〕黃志銘是思明州知州。檢《明史·地理志》：「思明州。元屬思明路。洪武二年屬思明府。萬曆十六年三月來屬（太平府）。」〔註161〕又云：「思州府。元思州宣慰司。永樂十一年二月改為府，屬貴州布政司。領長官司四。」〔註162〕是時思明州為思明府下之一州，而貴州別有一思州府，故思明州不能省作思州。職是之故，本傳此句之「思州」為「思明州」之訛。黃明光曾論及之〔註163〕。

（二二）（洪武）二十五年，憑祥洞巡檢高祥奏，思明州知州門三貴謀殺思明府知府黃廣平，廣平覺而殺之，乃以病死聞於朝，所言不實〔註164〕。

今考，思明州知州門三貴，當作「下石西州知州閉三貴」。辨證如下：

本傳此句之取材，《明太祖實錄》卷二二一洪武二十五年九月丙午條：「先是，安南憑祥洞巡檢高祥奏言：『思明州知州門三貴謀殺思明府知府黃廣平，廣平先覺而殺之，乃稱其病死。』朝廷以其言不實，逮廣平鞠之。至是逮至，上謂刑部曰：『蠻夷爭鬥相殺，性習然也，獨廣平不以實言，當繩之以法。今姑宥之，使其改過。』遂命給道里費，遣之還。」〔註165〕作「思明州知州門三貴」，本傳與之同。

然據《明太祖實錄》卷二〇六洪武二十三年十二月戊子條：「思明府知府黃廣平遣思明州知州黃志銘率其屬部及太平府龍英州等十五州土官李圓泰等、馬湖府泥溪雷坡等長官司、土官俱來朝，貢馬及方物。」〔註166〕《土官

〔註159〕《明太祖實錄》，第3077頁。
〔註160〕《土官底簿》，《景印文淵閣四庫全書》第599冊，第394頁。
〔註161〕《明史》，第1163頁。
〔註162〕《明史》，第1210頁。
〔註163〕黃明光：《明史廣西土司傳續考》，《中央民族學院學報》1989年第4期，第39頁。
〔註164〕《明史》卷三一八，清乾隆四年武英殿刻本，葉五。參見《明史》，中華書局1974年，第8234頁。
〔註165〕《明太祖實錄》，第3236頁。高祥，原作「高詳」，據《校勘記》改。見《明太祖實錄校勘記》，第721頁。
〔註166〕《明太祖實錄》，第3077頁。

底簿》：「思明府思明州知州。黃志銘，父黃均壽，係本府知府。黃忽都弟。款
附。洪武二年三月，赴京，授思明州知州。故，志銘，洪武二十一年七月，奉
聖旨：『著他襲了。欽此。』」〔註167〕《（嘉靖）廣西通志》於「思明州」下
云：「土官知州黃姓，與思明府同族。洪武初，黃鈞壽始授世襲知州。卒，子
志銘襲。」〔註168〕思明州知州為黃姓。知「思明州知州門三貴」之說法有誤。

　　《土官底簿》：「下石西州知州。閉賢，本州土官籍，思明府人，前元襲
授洞兵千戶。因本州土官亡絕，洪武元年舉保，二年授知州。故，嫡長男閉三
貴，十八年承襲。故，無嗣，府帖委弟閉聰護印署事。後告襲，永樂二年六
月，奉聖旨：『著他襲，欽此。』故，男閉瑀，十六年四月，奉聖旨：『准他襲，
欽此。』」〔註169〕有下石西州知州閉三貴，本傳此句所述事件之發生時間亦
在其在職時間範圍之內。《（嘉靖）廣西通志》於「下石西州」下云：「土官知
州閉姓。洪武二年，閉賢始授世襲知州。死，子聰襲。死，子瑀襲。以後宗系
莫詳。」〔註170〕雖漏閉三貴一代，而下石西州土官閉姓則可知。故知作「下
石西州知州閉三貴」為是。黃彰健曾論及之〔註171〕。

　　（二三）永樂二年，憑祥巡檢李昇言，其地瀕安南，百姓樂業，生齒
　　　　　日繁，請改為縣，以使撫輯，從之。以昇為知縣，設流官
　　　　　典史一員。三年，昇以新設縣治來朝，貢馬及方物謝恩。
　　　　　廣成奏安南侵奪其祿州、西平州、永平寨地，請遣使諭還，
　　　　　從之〔註172〕。

　　今考，廣成奏安南侵奪事，當在憑祥設縣之前，此置於李昇謝恩後，誤。
辨證如下：

　　據《明太宗實錄》卷三〇永樂二年四月癸酉條：「廣西思明府知府黃廣成
奏：『本府與安南接壤，祿州、西平州、永平寨，皆先臣故地。邇歲安南屢興
兵侵奪，遂遽有之。今遇聖人，悉遵舊制，思臣土地，累世相傳。伏望天恩，
明其疆域，諭使歸還，不勝幸甚。上納之。』」〔註173〕又卷三一永樂二年五月

〔註167〕《土官底簿》，《景印文淵閣四庫全書》第599冊，第394頁。
〔註168〕《（嘉靖）廣西通志》卷五二，葉三。
〔註169〕《土官底簿》，《景印文淵閣四庫全書》第599冊，第393、394頁。
〔註170〕《（嘉靖）廣西通志》卷五二，葉四。
〔註171〕《廣西土司傳考證：明史纂誤三續》，《中國歷史研究》第2輯，第71頁。
〔註172〕《明史》卷三一八，清乾隆四年武英殿刻本，葉六。參見《明史》，中華書
　　　　局1974年，第8235頁。
〔註173〕《明太宗實錄》，第538頁。

乙卯條：「設廣西思明府憑祥縣，以土官李昇為知縣，置流官典史一員。初，憑祥止設巡檢司，昇嘗為本司巡檢，至是上言，其地瀕安南，而百姓樂業，生齒日繁，請改為縣，以便撫輯。從之。」〔註174〕又卷四一永樂三年四月癸巳條：「廣西憑祥縣土官知縣李昇、湖廣梅南長官司土官之子覃添富來朝，貢馬及方物謝恩，以新設二治故也。」〔註175〕是廣成奏安南侵奪事在永樂二年四月，憑祥設縣在永樂二年五月，李昇謝恩在永樂三年四月。《國榷》卷一三永樂二年四月癸酉條：「廣西思明知府黃廣成乞諭安南還祿州、西平州、永平寨侵地。許之。」〔註176〕亦記廣成奏安南侵奪事在永樂二年四月。故知此事當置於憑祥設縣之前。此置於李昇謝恩後，誤。黃彰健曾論及之〔註177〕。

（二四）（永樂）九年，免思明稅糧，以廣成言去秋雨水傷稼也〔註178〕。

今考，《明實錄》繫此事於永樂七年。辨證如下：

《明太宗實錄》於永樂九年無相關記錄，其卷九八永樂七年十一月辛巳條：「廣西思明府土官知府黃廣成言：『去年秋，雨水傷稼，乞免糧稅。』從之。」〔註179〕述免稅糧事。《明史稿》對應處文句曰：「（永樂）九年，廣成言：『去年秋，雨水傷稼，乞免糧稅。』從之。」〔註180〕可清楚看出，《明史》源自《明史稿》，《明史稿》源自《明太宗實錄》卷九八永樂七年十一月辛巳條。故《明實錄》該條是本傳此句之取材，原繫於永樂七年，似當以之為是也。黃彰健曾論及之〔註181〕。

（二五）黃瑢奏憑祥歲凶民饑，命發龍州官倉糧振之〔註182〕。

〔註174〕《明太宗實錄》，第560頁。

〔註175〕《明太宗實錄》，第673頁。憑祥縣，原作「平祥縣」；謝恩，原作「請恩」。據《校勘記》改。見《明太宗實錄校勘記》，第200頁。

〔註176〕《國榷》，第929頁。

〔註177〕《廣西土司傳考證：明史纂誤三續》，《中國歷史研究》第2輯，第71頁。

〔註178〕《明史》卷三一八，清乾隆四年武英殿刻本，葉六。參見《明史》，中華書局1974年，第8235頁。

〔註179〕《明太宗實錄》，第1291頁。稼，原作「禾」，據《校勘記》改。見《明太宗實錄校勘記》，第441頁。

〔註180〕《明史稿》第七冊，第189頁。

〔註181〕《廣西土司傳考證：明史纂誤三續》，《中國歷史研究》第2輯，第71頁。

〔註182〕《明史》卷三一八，清乾隆四年武英殿刻本，葉六。參見《明史》，中華書局1974年，第8235頁。

今考，《明實錄》繫此事於宣德三年。辨證如下：

本傳此句之取材，《明宣宗實錄》卷四八宣德三年十一月辛亥條：「廣西思明府土官知府黃瑚奏憑祥縣歲凶民飢，命發龍州官倉糧米賑之。」〔註183〕繫此事於宣德三年。與本傳之繫在宣德元年者不同。似當以《明實錄》所記為是。《明史稿》繫在宣德元年：「二月，土官知府黃瑚奏憑祥縣歲凶民饑，命發龍州官倉糧賑之。」〔註184〕不知其「二月」從何而來。

（二六）景泰三年，瑚致仕，以子鈞襲。瑚庶兄都指揮玹欲殺鈞，代以己子。玹守備潯州，託言徵兵思明府，令其子糾眾結營於府三十里外，馳至府，襲殺瑚一家，支解瑚及鈞，甕葬後圃，仍歸原寨。明日，乃入城，許發哀，遣人報玹捕賊，以掩其迹。方殺瑚時，瑚僕福童得免，走憲司訴其事，且以徵兵檄為證。郡人亦言殺瑚一家者，玹父子也。副總兵武毅以聞，將逮治之。玹自度禍及，乃謀迎合朝廷意，遣千戶袁洪奏永固國本事，請易儲。奏入，帝曰：「此天下國家重事，多官其會議以聞。」玹為此舉，眾皆驚愕，謂必有受其賂而教之者，或疑侍郎江淵云。事成，玹得釋罪，且進秩〔註185〕。

今識，三十里，《明實錄》廣本、抱本作「三十里」，其他版本作「三十五里」。又，袁洪具體之易儲之奏，見載於《明實錄》。辨證如下：

本傳此段，取材《明英宗實錄》卷二一五景泰三年四月甲申條。該條云：「玹守備潯州，託言徵兵思明府，令其子糾眾結寨於府三十五里外，夜馳至府，襲殺瑚一家，支解瑚及鈞，甕瘞後圃，仍歸原寨。」〔註186〕據《校勘記》：「三十五里。廣本、抱本無『五』字。」〔註187〕是《明實錄》廣本、抱本作「三十里」，其他版本作「三十五里」。憑空多一「五」字，未詳孰是。

袁洪具體之易儲之奏，載於《明實錄》該條曰：「遣千戶袁洪奏言永固國本事：『臣竊聞太祖高皇帝龍飛淮甸，雷厲中天，豪傑歸心，群雄應詔，櫛沐

〔註183〕《明宣宗實錄》，第1166頁。

〔註184〕《明史稿》第七冊，第189頁。

〔註185〕《明史》卷三一八，清乾隆四年武英殿刻本，葉七。參見《明史》，中華書局1974年，第8235頁。

〔註186〕《明英宗實錄》，第4629頁。託言，原作「記言」；瑚，原作「珊」。據《校勘記》改。見《明英宗實錄校勘記》，第708頁。

〔註187〕《明英宗實錄校勘記》，第708頁。

風雨，削平僭亂。而成帝業者，必期聖子神孫，傳之於無窮。今經八十餘年，海宇之廣，億兆之眾，三代而下，未之有也。前歲胡寇犯邊，自古常有，太上皇輕屈萬乘，親御六師，臨于塞險，被虜遮留。扈從文武群臣，天下將士，十喪八九。逆虜乘勢長驅，逼臨京師，四方震懼，幾乎危殆。賴太祖太宗列聖之靈，預誕聖躬，繼登大寶。不然則臣民何所歸焉。此實上天眷命，非當時預畫者也。今逾二年，未見易立皇儲。臣惟切國之本，不可緩也。古之聖王奄有天下者，未有不急乎本。雖今朝廷與顧命大臣已有公見，愚臣何得而知之。切恐逾久，議論妄生，況今時俗不古，人心易搖，爭奪一萌，禍亂難息。或朝廷欲循前代遜讓之美，復全天倫之序，臣恐勢有不可者。若謂上有皇太后之尊，及東宮至親，不忍遽易，然天命豈可逆違，國本豈可輕緩。古人有云，天與不取，反受其咎。及今土星逆行太微垣蓋，上天有所垂諭也。願及今留意，弗以天命轉付與人。早與親信文武大臣密議，以定大計，易建春宮，一中外之心，絕覬覦之望。天下幸甚。』」〔註188〕

《行邊紀聞》卷一〔註189〕、《（萬曆）廣西通志》卷三二〔註190〕、《國榷》卷三〇景泰三年四月甲申條〔註191〕、《蠻司合誌》卷一二〔註192〕，皆記載此事，但與本傳及《實錄》有小異。

（二七）英宗復辟，玹聞自殺〔註193〕。

今考，黃玹之死，在英宗復辟前。辨證如下：

《明英宗實錄》卷二四七景泰五年十一月乙卯條：「前軍都督黃玹死。人或言其仰藥云。」〔註194〕以黃玹之死在景泰五年十一月乙卯。《明英宗實錄》卷二五三景泰六年五月丁卯條：「命故前軍都督同知黃玹次子瀚襲為永清左衛

〔註188〕《明英宗實錄》，第 4630、4631 頁。聖子神孫，原作「聖天子神孫」；海宇之廣，原作「海宇廣」；京師，原作「市師」；聖躬，原作「聖功」；臣民何所歸焉，原作「民何所歸焉」；臣惟切國之本，原作「臣切國之本」；上有皇太后，原作「有皇太后」；國本豈可輕緩，原作「固本豈可輕緩」；及今土星，原作「及又土星」。皆據《校勘記》改。見《明英宗實錄校勘記》，第 708 頁。
〔註189〕《行邊紀聞》，《中華文史叢書》之二三，第 459 頁。
〔註190〕《（萬曆）廣西通志》，《明代方志選（六）》，第 659 頁。
〔註191〕《國榷》，第 1924 頁。
〔註192〕《蠻司合誌》，《中國少數民族古籍集成（漢文版）》第二冊，第 223 頁。
〔註193〕《明史》卷三一八，清乾隆四年武英殿刻本，葉七。參見《明史》，中華書局 1974 年，第 8236 頁。
〔註194〕《明英宗實錄》，第 5351 頁。

指揮僉事。先是，玹子灝奏乞襲職，兵部以灝嘗殺其叔父鈞及其子四人。雖蒙特恩宥死，于例難襲。請以玹次子瀚襲。玹原職指揮僉事，仍先行原衛查勘，然後襲授。詔以道里遙遠，不必查。特令瀚襲職管事。既而瀚奏，在京家口眾多，乞令灝分家屬之半回原籍居住。兵部言，灝本十惡之人，頃年朝廷以玹故，特宥其罪，取居京師。且其叔鈞之子道甫年幼，見署思明府事。恐灝回，別逞奸謀，不宜遣還。從之。」〔註195〕是景泰六年五月之前，黃玹已死。《行邊紀聞》卷一：「英皇復辟，憲宗復位東宮，時玹已死，命發棺鞭其尸。」〔註196〕《蠻司合誌》卷一二：「英皇復辟，憲宗亦復位東宮，而玹已死，命發棺鞭其屍。」〔註197〕皆云英宗復辟時黃玹已死。是可證黃玹之死，在英宗復辟前。

本傳此句，蓋據《（萬曆）廣西通志》：「英宗復辟，玹自殺，命發棺鞭其屍。」〔註198〕然《通志》之說，含糊不清，未必指黃玹之死，在英宗復辟後。而本傳添一「聞」字，則表示黃玹死在英宗復辟後矣。

又識，《明英宗實錄》卷二七四天順元年正月甲申條：「永清左衛指揮同知黃瀚下錦衣衛獄。瀚，故都督玹之子也。玹于景泰中，嘗建言易儲。至是，有衛卒縛瀚以請，遂下獄。」〔註199〕此當英宗復辟後，懲處黃玹家族之一例也。

（二八）其子震亦為都督韓雍捕誅〔註200〕。

今考，「都督」為「總督」之訛。辨證如下：

《（萬曆）廣西通志》：「成化年間，總督韓雍捕震，誅之。」〔註201〕作「總督」。《國朝列卿紀》卷一〇七《總督兩廣尚書侍郎都御史年表》：「韓雍，直隸屬吳縣人。進士。成化元年以左僉都御史任。以功陞左副都。五年丁憂，起右都御史總督兩廣。」〔註202〕是成化年間，韓雍為兩廣總督。故知本傳此

〔註195〕《明英宗實錄》，第5472頁。
〔註196〕《行邊紀聞》，《中華文史叢書》之二三，第461頁。
〔註197〕《蠻司合誌》，《中國少數民族古籍集成（漢文版）》第二冊，第223頁。
〔註198〕《（萬曆）廣西通志》，《明代方志選（六）》，第659頁。
〔註199〕《明英宗實錄》，第5793頁。
〔註200〕《明史》卷三一八，清乾隆四年武英殿刻本，葉七。參見《明史》，中華書局1974年，第8236頁。
〔註201〕《（萬曆）廣西通志》，《明代方志選（六）》，第659頁。
〔註202〕《國朝列卿紀》，《四庫全書存目叢書》史部第94冊，第321頁。

句之「都督」，為「總督」之訛。黃彰健曾論及之〔註203〕。

（二九）成化十八年，土知府黃道奏所轄思明州土官孫黃義為族人黃紹所殺，乞發兵捕剿〔註204〕。

今識，黃明光云，中華書局點校本畫專名線於「孫黃義」三字，不確，應只畫「黃義」二字〔註205〕。

（三〇）嘉靖四十一年，以剿平猺、獞功，命土官知州男黃承祖暫襲本職〔註206〕。

今考，黃承祖為土官知府男。又，《明實錄》原記此事在嘉靖四十二年。辨證如下：

本傳此句之取材，《明世宗實錄》卷五二二嘉靖四十二年六月辛酉條：「以剿平廣西猺、獞功，加向武州土官知州黃仲金四品服色，東蘭州土官知州韋應龍、田州土官知州男岑大祿，各與實授本職。應龍仍加四品服色。龍英州土官知州男趙彥麟、那地州土官知州男羅忠輔、思明府土官知府男黃承祖、江州土官知州男黃恩，各暫署本職。從提督兩廣軍務右都御史張臬請也。」〔註207〕以黃承祖為土官知府男，且繫此事於嘉靖四十二年。本傳下文亦有「思明知府黃承祖乘亂掠村寨」〔註208〕之語，是本傳此句之「知州」為「知府」之訛。

（三一）隆慶四年，忠州土官黃賢相等據南寧府屬四都地作亂，永康典史李材計誘其黨，縛賢相以降〔註209〕。

今考，賢相之降，在隆慶三年。辨證如下：

本傳此句之取材，《明穆宗實錄》卷四三隆慶四年三月庚辰條：「廣西忠

〔註203〕《廣西土司傳考證：明史纂誤三續》，《中國歷史研究》第 2 輯，第 71 頁。

〔註204〕《明史》卷三一八，清乾隆四年武英殿刻本，葉七。參見《明史》，中華書局 1974 年，第 8236 頁。

〔註205〕黃明光：《明史廣西土司傳續考》，《中央民族學院學報》，1989 年第 4 期，第 39 頁。

〔註206〕《明史》卷三一八，清乾隆四年武英殿刻本，葉八。參見《明史》，中華書局 1974 年，第 8236 頁。

〔註207〕《明世宗實錄》，第 8543 頁。

〔註208〕《明史》卷三一八，清乾隆四年武英殿刻本，葉八。參見《明史》，中華書局 1974 年，第 8236 頁。

〔註209〕《明史》卷三一八，清乾隆四年武英殿刻本，葉八。參見《明史》，中華書局 1974 年，第 8236 頁。

州土官黃賢相等據南寧府屬四都地方作亂，左江兵備僉事譚維鼎使永康典史李材計誘其黨，縛獻賢相以降。事聞，上命賚總督劉燾及維鼎銀幣，材超陞三級。」〔註210〕然此條所述之隆慶四年三月庚辰之事，實為皇帝賞賜有功之臣。至於賢相之降，實系追述，未必發生於隆慶四年。而本傳將賢相之降繫於隆慶四年，尤須考證。

檢郭應聘《郭襄靖公遺集》卷四之《議忠州改屬南寧疏》：「查得忠州原屬思明，繼改隸廣西布政司。後因土官黃賢相多年叛亂，錢糧不解，征兵不出，專一劫奪，啟釁地方，隆慶三年擒獲。」〔註211〕郭應聘《西南紀事》卷六《擒黃賢相》：「材督諸鄉兵追至，會黃一元兵亦至，遂擒賢相、黃中秀，及州印解惟鼎。時三年九月也。」〔註212〕是賢相之降，在隆慶三年明矣。此作隆慶四年誤。

又識，李材計誘之始末，見郭應聘《西南紀事》卷六《擒黃賢相》：「隆慶二年冬，思明府土官黃承祖奏取四都地。事下督府議，賢相遂爭之，勒都民投見。啖以劍馬，犒以牛酒。擅立總管諸名目，分兵數千守其地。縱令剽掠村落，焚蕩室廬，為禍甚烈。賢相復詐為都民上狀曰：『民心思附本州，如商民避紂，盡歸西伯。請自部千兵，詣軍門求理。』蓋脅之也。南寧人情洶洶告變。聘時為藩使，又南寧舊守也，民爭訴之。會兵備僉事譚惟鼎入賀，還為聘謀曰：『是安可已乎？顧廣中方有海上之役，如何？』聘曰：『兵非得已而用之也。此酋恣暴逾三十年，州氓憤而思叛久矣。余所稔知。此殆可以間取者。』惟鼎深然之。至郡，即奏記列賢相罪狀，略曰，賢相絞母、弒叔、殺弟、戕妻，悖天逆倫，屠戮無算。而且征調不赴，例馬不貢，表箋不進。向未及一正其辜者，誠獸畜之也。今復據地縱掠，冒犯天憲，作孽之勢，如火方燃，俟其燎原，撲之晚矣。願假便宜圖之。否則勢必加兵，無養亂為也。總督劉都御史燾許之。永康縣典史李材者，時署遷隆寨巡檢司事，隣於忠州也。惟鼎知其人有謀，召與語，屬之以寨人覃惠內及材子夢辰，潛入州中，數往來貿易，盡得其親近狀。懸重賞間之。其部下頭目傲思、蒙裕輩，苦賢相殘虐，願為內應。材遂言於惟鼎，請以兵隨，直入州治逮之。既至，諸頭目果多解體，惟內兵黃中秀等在左右，賢相督之拒敵。官兵少卻，被傷八十

〔註210〕 《明穆宗實錄》，第1088頁。
〔註211〕 《郭襄靖公遺集》，《續修四庫全書》第1349冊，第96頁。
〔註212〕 《西南紀事》，《四庫全書存目叢書》史部第49冊，第412、413頁。

五人，材被鎗左肋。惟鼎悔之，廼更為文告諭賢相曰：『敵傷官兵，皆黃中秀等之罪也。爾其縛解之，猶足自贖。』又密示州縣部氓曰：『賢相罪在不宥，軍門將以大兵進，爾輩無噍類矣。得賢相，諸人可悉實不問也。』材復以覃惠內入，與蒙裕多方設間，令官目互相猜惑。賢相勢寖孤。惟鼎復密為手書，諭二十四村及四寨頭目程秀等，潛出投謁，厚犒之。令號召鄉兵，擒獻賢相。諸所蓄積金穀器物，悉聽自取。秀等唯唯。已，復申嚴旁近諸州峒，絕其聲援。而遷隆峒土官黃一元者，素善賢相，且與比隣。惟鼎度賢相有急，必依一元，責之尤謹。計既定，惟鼎密令材與夢辰齎執旗牌，約蒙裕等集該州各村寨民兵三千有奇，夜屯于剝埋墟。平明為官兵旗幟，擁進近地。內兵遙望之，以為真官兵至也，爭取財寶馬匹，四散遁去。賢相勢窮，挈印奔四寨。四寨村老就賢相語曰：『官家逮主甚急，當詣官聽理。』賢相欷歔泣下曰：『汝眾同官家暗計害我。四面網羅，我無生路矣。』自取孔雀血入酒飲不死。材督諸鄉兵追至，會黃一元兵亦至，遂擒賢相、黃中秀，及州印解惟鼎。時三年九月也。」〔註213〕

（三二）（萬曆）三十三年，總督戴耀奏〔註214〕。

舊考，四庫館臣：「總督戴耀奏。『耀』改『燿』。」〔註215〕

今按，是也。辨證如下：

本傳此句之取材，《明神宗實錄》卷四一五萬曆三十三年十一月壬申條：「兵部覆兩廣督撫官戴燿等題。」〔註216〕作「戴燿」。《王諫議全集》之《陋惡撫臣生事誤國疏》：「若兩廣總督戴燿、福建巡撫徐學聚，則奪職留身，頑鈍污穢，誠宇宙間一大蠹也。」〔註217〕有兩廣總督戴燿。《明史‧翁憲祥傳》：「劾雲南巡撫陳用賓、兩廣總督戴燿，並不報。」〔註218〕亦有兩廣總督戴燿。知「戴耀」為「戴燿」之訛。

〔註213〕《西南紀事》，《四庫全書存目叢書》史部第49冊，第412、413頁。
〔註214〕《明史》卷三一八，清乾隆四年武英殿刻本，葉八。參見《明史》，中華書局1974年，第8236頁。
〔註215〕《明史考證攟逸》，《續修四庫全書》第294冊，第420頁。
〔註216〕《明神宗實錄》，第7780頁。
〔註217〕〔明〕王元翰：《王諫議全集》，《四庫未收書輯刊》第5輯第25冊，北京出版社2000年，第37頁。
〔註218〕《明史》卷二三四，清乾隆四年武英殿刻本，葉二二。參見《明史》，中華書局1974年，第6112頁。

（三三）洪武初，黃君壽歸附，授世襲知州，屬思明府〔註219〕。

今考，「黃君壽」為「黃鈞壽」之訛。辨證如下：

《廣西名勝志》卷十於「思明州」下云：「土官黃姓，與思明府同族。洪武初，黃鈞壽歸附，授世襲知州，屬思明府。」〔註220〕其前之《（萬曆）廣西通志》：「洪武初，黃鈞壽歸附，授世襲知州，屬思明府。」〔註221〕更早之《（嘉靖）廣西通志》卷五二：「土官知州黃姓。與思明府同族。洪武初，黃鈞壽始授世襲知州。」〔註222〕皆作「黃鈞壽」。檢《土官底簿》，於「思明府思明州知州」下云：「黃志銘父黃均壽，係本府知府黃忽都弟，款附，洪武二年三月赴京，授思明州知州。故，志銘，洪武二十一年七月奉聖旨：『著他襲了。欽此。』」〔註223〕作「黃均壽」，當即「黃鈞壽」。又檢《明史稿》，正作「黃鈞壽」〔註224〕。是《明史》刪潤《明史稿》時，訛「鈞」為「君」矣。

（三四）上石西州，宋屬承平寨，元屬思明路〔註225〕。

舊考，四庫館臣：「宋屬承平寨。『承』改『永』。按宋建五寨於左、右二江，一名永平，見《宋史》。此誤『永』為『承』。」〔註226〕

今考，是也。辨證如下：

宋建五寨之說，似不見於《宋史》。唯《宋史·兵志》曰：「（元祐元年）十二月，廣西經略安撫使、都鈐轄司言：『乞除桂、宜、融、欽、廉州係將、不係將馬步軍輪差赴邕州極邊水土惡弱砦鎮監柵及巡防并都同巡檢等處，並乞依邕州條例，一年一替；其餘諸州差往邕州永平、古萬、太平、橫山、遷隆砦鎮及左、右江溪洞巡檢并欽州如昔峒駐劄抵棹砦，並二年一替；其諸州巡檢下，一年一替。』從之。」〔註227〕提及五寨。《大明一統志》卷八五於「太平府」下云：「宋平嶺南，於左、右二江溪洞立五寨，其一曰太平，與古萬、

〔註219〕《明史》卷三一八，清乾隆四年武英殿刻本，葉九。參見《明史》，中華書局1974年，第8237頁。

〔註220〕《廣西名勝志》，《續修四庫全書》第735冊，第頁。

〔註221〕《（萬曆）廣西通志》，《明代方志選（六）》，第654頁。

〔註222〕《（嘉靖）廣西通志》卷五二，葉三。

〔註223〕《土官底簿》，《景印文淵閣四庫全書》第599冊，第394頁。

〔註224〕《明史稿》第七冊，第190頁。

〔註225〕《明史》卷三一八，清乾隆四年武英殿刻本，葉九。參見《明史》，中華書局1974年，第8237頁。

〔註226〕《明史考證攟逸》，《續修四庫全書》第294冊，第420頁。

〔註227〕《宋史》，第4901頁。

遷隆、永平、橫山四寨，各領州縣洞，屬邕州建武軍節度。」〔註228〕有宋建五寨之說矣。然宋時有「永平寨」則毋庸置疑。

《（嘉靖）廣西通志》於「思明府圖經」下云：「西曰上石西州。唐置石西。宋嘉祐間改為上石西州，屬永平寨。元屬思明路。□本朝因之。編戶□里。」〔註229〕筆者所見《（萬曆）廣西通志》相關文字內容為「吳興劉氏嘉業堂藏書印」所覆〔註230〕，不可辨。《廣西名勝志》卷八：「唐置石西州，宋加上字，屬永平寨。」〔註231〕此當本傳此句之源出，原作「永平寨」。《大明一統志》卷八五：「上石西州，在府城西。唐置石西州。宋嘉祐間，改為上石西州，屬永平寨。」〔註232〕亦作「永平寨」。則當以「永平寨」為是。檢《明史稿》作「承平寨」〔註233〕，是自《明史稿》時，已訛「永」為「承」矣。

（三五）洪武二年，土官閉賢歸附，授世襲知州，設流官吏目佐之〔註234〕。

今識，閉賢之歸附，蓋在洪武元年舉保之前，此云二年者，當指授知州而言。辨證如下：

《（萬曆）廣西通志》：「洪武二年，土官閉賢歸附，授世襲知州，以流官吏目佐之。」〔註235〕《廣西名勝志》同之〔註236〕。此當本傳此句如此敘述之源出。然更早之《（嘉靖）廣西通志》：「土官知州閉姓。洪武二年，閉賢始授世襲知州。」〔註237〕只云洪武二年授職，未言歸附。檢《土官底簿》：「下石西州知州。閉賢，本州土官籍，思明府人，前元襲授洞兵千戶。因本州土官亡絕，洪武元年舉保，二年授知州。」〔註238〕是閉賢之歸附，當在洪武元年舉保之前。為防誤讀，謹附識之。

〔註228〕《大明一統志》，第 1302 頁。
〔註229〕《（嘉靖）廣西通志》卷二，葉六。
〔註230〕《（萬曆）廣西通志》，《明代方志選（六）》，第 661 頁。
〔註231〕《廣西名勝志》，《續修四庫全書》第 735 冊，第 100 頁。
〔註232〕《大明一統志》，第 1304 頁。
〔註233〕《明史稿》第七冊，第 190 頁。
〔註234〕《明史》卷三一八，清乾隆四年武英殿刻本，葉九。參見《明史》，中華書局 1974 年，第 8237 頁。
〔註235〕《（萬曆）廣西通志》，《明代方志選（六）》，第 662 頁。
〔註236〕《廣西名勝志》，《續修四庫全書》第 735 冊，第 113 頁。
〔註237〕《（嘉靖）廣西通志》卷五二，葉四。
〔註238〕《土官底簿》，《景印文淵閣四庫全書》第 599 冊，第 393 頁。

（三六）洪武初，土官黃威慶率子中謹歸附，授威慶江州知州，中謹忠州知州，皆世襲，設流官同知吏目佐之〔註239〕。

今識，此蓋籠統言之也，威慶知江州，中謹知忠州，非同時授職。辨證如下：

《（萬曆）廣西通志》於「忠州」下云：「國初，黃威慶率子中謹歸附，授威慶江州，中謹忠州，各世襲知州，設流官同知吏目佐之。」〔註240〕《廣西名勝志》：「土官黃姓。其先江州之族。有黃威慶者，率子中謹歸附。授威慶江州，中謹忠州，各世襲知州，設流官同知吏目佐之。」〔註241〕此蓋本傳此句之源出。

然檢《土官底簿》，於「忠州知州」下云：「黃威昇，江州土官籍。洪武授忠州知州，為因阻當詔書，十五年大軍收捕，殺戮官民，絕滅餘殘。土民郭保等告保黃中謹襲職。二十三年九月，赴京，准襲知州。」〔註242〕於「江州知州」下云：「黃威慶，係本州土官知州。長男黃中立，洪武二十二年替。」〔註243〕於「思明府上思州知州」下云：「黃宗榮，江州土官籍款。洪武二年九月內給降印信，開設衙門。為因土官黃英傑作耗，殘民無土民撫恤申奉本府，委領江州致仕土官黃威慶次男黃中榮護印，署理州事。三十三年二月，除同知。後有本州土民陳用等并思明府土官知府黃廣成赴京，告保黃中榮陞知州。永樂元年正月，奉欽依，既是知府與土民保他，他又首先來朝，陞做知州，只不做世襲。若不守法度時換了。欽此。」〔註244〕知黃威慶致仕，洪武二十二年子黃中立替襲。洪武二十三年，黃中謹方襲忠州知州。永樂元年，黃中榮陞上思州知州。故知威慶知江州，中謹知忠州，非同時授職。

《（萬曆）廣西通志》及《廣西名勝志》之先之《（嘉靖）廣西通志》於「忠州」下云：「土官知府黃姓。其先江州之族。黃中謹始授本州世襲知州。」〔註245〕《（嘉靖）廣西通志》於「江州」下云：「土官知州黃姓。元時世知州事。國朝洪武元年，黃威慶以土地歸附，錫印，授世襲知州。生子三。長中

〔註239〕 《明史》卷三一八，清乾隆四年武英殿刻本，葉九。參見《明史》，中華書局1974年，第8238頁。

〔註240〕 《（萬曆）廣西通志》，《明代方志選（六）》，第638頁。

〔註241〕 《廣西名勝志》，《續修四庫全書》第735冊，第110頁。

〔註242〕 《土官底簿》，《景印文淵閣四庫全書》第599冊，第393頁。

〔註243〕 《土官底簿》，《景印文淵閣四庫全書》第599冊，第391頁。

〔註244〕 《土官底簿》，《景印文淵閣四庫全書》第599冊，第388頁。

〔註245〕 《（嘉靖）廣西通志》卷五二，葉二。

－340－

立；次中謹，知忠州；季中榮，知上思州。威慶死，中立襲之。無嗣，以中謹之子智高襲。」〔註246〕皆未提及同時授職事。又《（萬曆）廣西通志》於「江州」下云：「土官黃威慶，洪武元年歸附。授世襲知州，以流官吏目佐之。改直隸布政司。威慶子三，長中立；次中謹，知忠州；季中榮，知上思州。威慶死，中立襲，沒於交趾。絕，以中謹兼知州事。中謹死，以次子智高襲。」〔註247〕亦未提及同時授職事。當是本傳此句所取之《（萬曆）廣西通志》及《廣西名勝志》之說法，為籠統而言之語。

（三七）其鄰地有四峒者，界於南寧、思明、忠、江之間，思明、忠州屢肆侵奪〔註248〕。

今識，南寧、思明、忠、江之間，中華書局點校本斷句為「南寧、思明、忠江之間」誤。胡起望曾論及之〔註249〕。

（三八）隆慶三年冬，思明府土官黃承祖奏取四都地，忠州土官黃賢相爭之。遂擅立總管諸名目，分兵數千戍守，因縱令剽掠，為禍甚烈。僉事譚惟鼎調永康典史李材以計禽賢相，斃之於獄〔註250〕。

今考，「隆慶三年冬」為「隆慶二年冬」之訛，或可改為「隆慶三年」。辨證如下：

本傳此句之取材，《廣西名勝志》卷一〇：「隆慶三年冬，思明府土官黃承祖奏取四都地，賢相遂爭之。擅立總管諸名目，分兵數千戍守。因縱令剽掠村落，為禍甚烈。僉事譚惟鼎謀之方伯郭應聘。應聘曰，是可間取也。永康縣典史李材者有謀略，時署遷隆寨巡簡，隣忠州。惟鼎屬之……遂擒賢相及州印。以督備指揮吳世勳鎮四都，都民復業如故。賢相斃于獄。」〔註251〕而《廣西名勝志》該文，又採自郭應聘《西南紀事》卷六《擒黃賢相》：「隆慶二年冬，思明府土官黃承祖奏取四都地。事下督府議，賢相遂爭之，勒都民投

〔註246〕《（嘉靖）廣西通志》卷五二，葉七。

〔註247〕《（萬曆）廣西通志》，《明代方志選（六）》，第662頁。

〔註248〕《明史》卷三一八，清乾隆四年武英殿刻本，葉九。參見《明史》，中華書局1974年，第8238頁。

〔註249〕胡起望：《明史廣西土司傳校補》，《民族研究》，1979年第2期，第48頁。

〔註250〕《明史》卷三一八，清乾隆四年武英殿刻本，葉九。參見《明史》，中華書局1974年，第8238頁。禽，中華書局點校本徑改作「擒」。

〔註251〕《廣西名勝志》，《續修四庫全書》第735冊，第110頁。

見。啗以劍馬，犒以牛酒。擅立總管諸名目，分兵數千守其地。縱令剽掠村落，焚蕩室廬，為禍甚烈。賢相復詐為都民上狀曰：『民心思附本州，如商民避紂，盡歸西伯。請自部千兵，詣軍門求理。』蓋脅之也。南寧人情洶洶告變。聘時為藩使，又南寧舊守也，民爭訴之。會兵備僉事譚惟鼎入賀，還為聘謀曰：『是安可已乎？顧廣中方有海上之役，如何？』聘曰：『兵非得已而用之也。此酋恣暴逾三十年，州氓憤而思叛久矣。余所稔知。此殆可以間取者。』惟鼎深然之。至郡，即奏記列賢相罪狀，略曰，賢相絞母、弒叔、殺弟、戕妻，悖天逆倫，屠戮無筭。而且征調不赴，例馬不貢，表箋不進。向未及一正其辜者，誠獸畜之也。今復據地縱掠，冒犯天憲，作孽之勢，如火方燃，俟其燎原，撲之晚矣。願假便宜圖之。否則勢必加兵，無養亂為也。總督劉都御史燾許之。永康縣典史李材者，時署遷隆寨巡檢司事，隣於忠州也。惟鼎知其人有謀，召與語，屬之以寨人覃惠內及材子夢辰，潛入州中，數往來貿易，盡得其親近狀。懸重賞間之。其部下頭目傲思、蒙裕輩，苦賢相殘虐，願為內應。材遂言於惟鼎，請以兵隨，直入州治逮之。既至，諸頭目果多解體，惟內兵黃中秀等在左右，賢相督之拒敵。官兵少卻，被傷八十五人，材被鎗左肋。惟鼎悔之，迺更為文告諭賢相曰：『敵傷官兵，皆黃中秀等之罪也。爾其縛解之，猶足自贖。』又密示州縣部氓曰：『賢相罪在不宥，軍門將以大兵進，爾輩無噍類矣。得賢相，諸人可悉貰不問也。』材復以覃惠內入，與蒙裕多方設間，令官目互相猜惑。賢相勢寖孤。惟鼎復密為手書，諭二十四村及四寨頭目程秀等，潛出投謁，厚犒之。令號召鄉兵，擒獻賢相。諸所蓄積金穀器物，悉聽自取。秀等唯唯。已，復申嚴旁近諸州峒，絕其聲援。而遷隆峒土官黃一元者，素善賢相，且與比隣。惟鼎度賢相有急，必依一元，責之尤謹。計既定，惟鼎密令材與夢辰齎執旗牌，約蒙裕等集該州各村寨民兵三千有奇，夜屯于剝埋墟。平明為官兵旗幟，擁進近地。內兵遙望之，以為真官兵至也，爭取財寶馬匹，四散遁去。賢相勢窮，挈印奔四寨。四寨村老就賢相語曰：『官家逮主甚急，當詣官聽理。』賢相欷歔泣下曰：『汝眾同官家暗計害我。四面網羅，我無生路矣。』自取孔雀血入酒飲不死。材督諸鄉兵追至，會黃一元兵亦至，遂擒賢相、黃中秀，及州印解惟鼎。時三年九月也。惟鼎當論功獎賞有差。檄推官劉潔、知縣徐宗靜及李材入州坐鎮，撫循兵民。立陳光、蒙裕、傲思等為總州管兵名目，部領其眾。以督備指揮吳世勳還鎮四都，都民復業如

故。賢相斃于獄。督府以聞。燾賞銀三十兩，紵絲二表裏。惟鼎賞銀二十兩，一表裏。李村陞三級，為本縣主簿。」〔註252〕可見本傳此句之「隆慶三年冬」，依據《廣西名勝志》，而《廣西名勝志》之「隆慶三年冬」，則從《西南紀事》之「隆慶二年冬」變來。

黃賢相之亂，主要在隆慶三年。其擒獲在隆慶三年九月，斃之於獄亦在該年。證在郭應聘《西南紀事》卷六《擒黃賢相》：「材督諸鄉兵追至，會黃一元兵亦至，遂擒賢相、黃中秀，及州印解惟鼎。時三年九月也。」〔註253〕《郭襄靖公遺集》卷四之《議忠州改屬南寧疏》：「查得忠州原屬思明，繼改隸廣西布政司。後因土官黃賢相多年叛亂，錢糧不解，征兵不出，專一劫奪，啟釁地方，隆慶三年擒獲。」〔註254〕「不料隆慶三年有父黃賢相為事監故。」〔註255〕至於皇帝賞賜有功官員，則在隆慶四年三月。見《明穆宗實錄》卷四三隆慶四年三月庚辰條：「廣西忠州土官黃賢相等據南寧府屬四都地方作亂，左江兵備僉事譚維鼎使永康典史李材計誘其黨，縛獻賢相以降。事聞，上命賫總督劉燾及維鼎銀幣，材超陞三級。」〔註256〕上文已論及。

賢相之擒，在隆慶三年九月。故《西南紀事》卷六《擒黃賢相》之「隆慶二年冬」，當指思明府土官黃承祖奏取四都地，事下督府議，賢相爭之等事而言。《廣西名勝志》變作「隆慶三年冬」者，蓋欲以之統繫其事，而有意改之。然則九月就擒，其時尚未成冬。賢相之死於獄，具體時間又不得確定。要之，莫若保留「隆慶二年冬」為宜，或直改作「隆慶三年」，蓋言其事。

（三九）洪武十八年，土蠻李昇歸附。置憑祥鎮，授昇巡檢，屬思明府〔註257〕。

今考，《土官底簿》所記與此異。辨證如下：

《蠻司合誌》：「憑祥李寰為土官知州，李廣寧庶子。其先李昇，洪武十八年以憑祥峒歸附，授巡檢。永樂二年改縣治，以昇知縣事。」〔註258〕《蠻

〔註252〕 《西南紀事》，《四庫全書存目叢書》史部第49冊，第412、413頁。
〔註253〕 《西南紀事》，《四庫全書存目叢書》史部第49冊，第412、413頁。
〔註254〕 《郭襄靖公遺集》，《續修四庫全書》第1349冊，第96頁。
〔註255〕 《郭襄靖公遺集》，《續修四庫全書》第1349冊，第96頁。
〔註256〕 《明穆宗實錄》，第1088頁。
〔註257〕 《明史》卷三一八，清乾隆四年武英殿刻本，葉九。參見《明史》，中華書局1974年，第8238頁。
〔註258〕 《蠻司合誌》，《中國少數民族古籍集成（漢文版）》第二冊，第227頁。

司合誌》該句之取材《行邊紀聞》：「李寰者，廣西憑祥州土官，庶子也。其先李昇，洪武十八年以憑祥峒歸附，授巡檢。永樂二年改縣治，以昇知縣事。」〔註259〕以李昇在洪武十八年歸附，並於該年授巡檢。

檢《大明一統志》：「本朝洪武十八年置憑祥鎮，永樂二年改為縣。」〔註260〕《（嘉靖）廣西通志》卷五二於「憑祥州」下云：「洪武十八年置憑祥鎮，永樂二年改為縣。成化間改憑祥州。編戶二里。土官知州李姓，舊為憑祥峒酋長。其先有李應星者，元知西平州，兼預永平等處事。李德懋知上石西州，兼憑祥峒，後擢思明路同知。李元長襲知上石西州，兼掌憑祥峒。其子李昇，國朝初內附，十八年授憑祥峒巡檢。永樂二年改鎮，建憑祥縣，擢為知縣。」〔註261〕《（萬曆）廣西通志》：「國初，峒長李昇內附，洪武十八年授憑祥鎮巡檢。永樂二年改為縣，以昇子應清為知縣。」〔註262〕皆以洪武十八年置憑祥鎮，授昇巡檢。而以李昇之內附在國初，洪武十八年以前。

《土官底簿》於「馮祥縣知縣」下云：「李德懲，思明府馮祥洞土人，洪武二十八年赴京，除授上石西州知州。故，男李壽賢接管洞事。洪武元年歸附，將本洞印記差頭目李處等賫赴總兵官交割。後各洞兵罷，洪武二年授廣西省馮祥洞知洞。殘疾，男李昇二十四年欽做世襲巡檢。二十八年九月，除馮祥巡檢司世襲土官巡檢，照流一同管事，還著流官掌印。永樂二年，內官楊宗奏改設縣治，仍隸思明府管屬，奉欽依：『准他改做馮祥縣，著禮部鑄印，土官巡檢李昇就陞做知縣掌印。』本年五月赴京謝恩，中途病故，男李慶青署事。大理寺卿陳洽保襲，永樂四年閏七月奉聖旨：『准他襲，欽此。』」〔註263〕《土官底簿》以「洪武二十八年」置於「洪武二年」之前，有脫誤。對讀《（嘉靖）廣西通志》卷五二：「其先有……李德懋知上石西州，兼憑祥峒，後擢思明路同知。李元長襲知上石西州，兼掌憑祥峒。其子李昇，國朝初內附，十八年授憑祥峒巡檢」〔註264〕李德懲當是元時之人，為李昇之先，洪武二十八年之洪武，或從元代年號訛來。《土官底簿》以首先歸附者為李昇之父李壽賢，而授李昇巡檢在洪武二十四年和二十八年。未詳孰是。

〔註259〕　《行邊紀聞》，《中華文史叢書》之二三，第450頁。

〔註260〕　《大明一統志》，第1304頁。

〔註261〕　《（嘉靖）廣西通志》卷五二，葉一七。

〔註262〕　《（萬曆）廣西通志》，《明代方志選（六）》，第667頁。

〔註263〕　《土官底簿》，《景印文淵閣四庫全書》第599冊，第393頁。

〔註264〕　《（嘉靖）廣西通志》卷五二，葉一七。

（四〇）成化八年升為州，以昇孫廣寧為知州，直隸布政司〔註265〕。

舊考，四庫館臣：「成化八年升為州。按《地理志》作成化十八年，互異。」〔註266〕

今按，「成化八年」當為「成化十八年」之訛。辨證如下：

本傳此句，蓋取材《蠻司合誌》：「其後部落蕃衍，當交阯鎮南關，為左江要害。成化八年改州治，以昇孫廣寧知州事。」〔註267〕《蠻司合誌》該句又取材《行邊紀聞》：「其後部落蕃衍，當交阯鎮南關，為左江要害。成化八年改州治，以昇孫廣寧知州事。」〔註268〕作成化八年。

檢《明史·地理志》：「憑祥州，本憑祥縣。永樂二年五月以思明府之憑祥鎮置，屬思明府。成化十八年升為州，直隸布政司。」〔註269〕作成化十八年。《（嘉靖）廣西通志》卷五二：「成化間改憑祥州。」又云：「成化十八年，改縣，陞憑祥州，擢子廣寧為知州。」〔註270〕亦以成化十八年升為州。又檢《土官底簿》於「馮祥縣知縣」下云：「文選司缺冊內查得，成化十八年改為祥州。土官李廣，成化十一年襲知縣，十八年陞本州知州。」〔註271〕其中雖有缺字，缺「憑祥州」為「祥州」，缺「李廣寧」為「李廣」。而以成化十八年改為州，則無異議。《明憲宗實錄》卷二一〇成化十六年十二月丙寅條：「總督兩廣軍務右都御史朱英等奏，太平府知府何楚英、龍州土官知州趙源、憑祥縣土官知縣李廣寧各報……」〔註272〕於成化十六年尚稱知縣，是成化八年未改知州可知也。蓋《行邊紀聞》記其事，脫去「十」字，遂訛成「成化八年」矣。職是之故，當以「成化十八年」為是。

又識，胡起望據《（嘉慶）廣西通志》，知昇子應清，應清子誠，誠子壽祥，壽祥子廣寧，廣寧為李昇之玄孫〔註273〕。本傳此句以「孫」概稱「玄孫」。

〔註265〕《明史》卷三一八，清乾隆四年武英殿刻本，葉九。參見《明史》，中華書局 1974 年，第 8238 頁。
〔註266〕《明史考證攟逸》，《續修四庫全書》第 294 冊，第 421 頁。
〔註267〕《蠻司合誌》，《中國少數民族古籍集成（漢文版）》第二冊，第 227 頁。
〔註268〕《行邊紀聞》，《中華文史叢書》之二三，第 450 頁。
〔註269〕《明史》卷四五，清乾隆四年武英殿刻本，葉三一。參見《明史》，中華書局 1974 年，第 1166 頁。
〔註270〕《（嘉靖）廣西通志》卷五二，葉一七。
〔註271〕《土官底簿》，《景印文淵閣四庫全書》第 599 冊，第 393 頁。
〔註272〕《明憲宗實錄》，第 3666 頁。
〔註273〕胡起望：《明史廣西土司傳校補》，《民族研究》，1979 年第 2 期，第 48 頁。

（四一）朝遂以兵納珍於憑祥，珏奔磬柳〔註274〕。

今考，磬柳，《行邊紀聞》原作「磬柳」。辨證如下：

本傳此句之取材，《蠻司合誌》：「黃朝喜，遂約黃泰，以兵七百人納珍憑祥，奪其印，珏奔磬柳。」〔註275〕《蠻司合誌》該句又取材《行邊紀聞》：「黃朝喜，遂約黃泰，以兵七百人納珍憑祥，奪其印，珏奔磬柳。」〔註276〕原作「磬柳」。黃彰健曾論及之〔註277〕。

《西園聞見錄》卷七九：「黃朝喜，遂約黃泰以兵七百人納珍憑祥，奪其印，珏奔磬柳。」〔註278〕作「磬柳」，是抄錄自《行邊紀聞》者。《明史稿》亦已作「磬柳」〔註279〕。蓋皆抄寫致誤，恐當以原來之「磬柳」為是。

（四二）總督蔡經屬副使翁萬達禽之，論死〔註280〕。

舊考，四庫館臣：「總督蔡經。『蔡』改『張』。」〔註281〕中華書局：「總督蔡經屬副使翁萬達擒之。蔡經，本書卷一九八《翁萬達傳》作『張經』。按卷二〇五《張經傳》稱，『初冒蔡姓，久之乃復』，是張經亦稱『蔡經』。」〔註282〕又，禽，中華書局點校本徑改為「擒」〔註283〕。

今按，「張經」稱「蔡經」問題，當從中華書局《校勘記》不改。辨證如下：

《明史·翁萬達傳》：「會朝議將討安南，擢萬達廣西副使，專辦安南事。萬達請於總督張經曰：『莫登庸大言，中國不能正土官弒逆罪，安能問我。今憑祥州土舍李寰弒其土官珍，思恩府土目盧回煽九司亂，龍州土舍趙楷殺從子燧、熪，又結田州人韋應殺燧弟寶，斷藤峽猺侯公丁負固。此曹同惡共濟，一旦約為內應，我且不自保。先擒此數人問罪，安南易下耳。』經曰：『然，惟君之所為。』於是誅寰、應，擒回，招還九司，誘殺楷，佯繫訟公丁者紿公

〔註274〕《明史》卷三一八，清乾隆四年武英殿刻本，葉一〇。參見《明史》，中華書局1974年，第8238頁。
〔註275〕《蠻司合誌》，《中國少數民族古籍集成（漢文版）》第二冊，第228頁。
〔註276〕《行邊紀聞》，《中華文史叢書》之二三，第450頁。
〔註277〕《廣西土司傳考證：明史纂誤三續》，《中國歷史研究》第2輯，第72頁。
〔註278〕《西園聞見錄》，《續修四庫全書》第1169冊，二
〔註279〕《明史稿》第七冊，第191頁。
〔註280〕《明史》卷三一八，清乾隆四年武英殿刻本，葉一〇。參見《明史》，中華書局1974年，第8238頁。
〔註281〕《明史考證攟逸》，《續修四庫全書》第294冊，第421頁。
〔註282〕《明史》，中華書局1974年，第8255頁。
〔註283〕《明史》，中華書局1974年，第8238頁。

丁，執諸坐，以兩軍破平其巢。」〔註284〕《明史・張經傳》:「張經，字廷彝，侯官人。初冒蔡姓，久之乃復。」〔註285〕以此可知中華書局《校勘記》之說。

《國朝列卿紀》卷一○七《總督兩廣尚書侍郎都御史年表》:「蔡經，福建侯官人。進士。嘉靖十六年，以兵部右侍郎兼右僉都御史任。二十年，加右都。二十一年，加兵部尚書。」〔註286〕又卷一○○《勑使江南尚書侍郎都御史行實》:「張經，即蔡經，福建侯官縣人。正德丁丑進士。歷官兵部尚書，提督兩廣軍務。嘉靖三十年起戶部尚書，總督倉儲。丁憂。三十二年起南京戶部尚書，改南京兵部。三十三年改兵部尚書，總督浙直軍務。逮獄。」〔註287〕本傳此句取材《蠻司合誌》，作「督府蔡經」〔註288〕。《蠻司合誌》相關部分取自當時人田汝成《行邊紀聞》，作「都御史蔡經」〔註289〕。蓋張經在兩廣任上時，用蔡姓。

思恩

（四三）明洪武二十二年，田州府知府岑堅遣其子思恩州知州永昌貢方物〔註290〕。

今考，不識是本傳別有所本，抑本傳訛記是事。辨證如下:

洪武二十年至二十三年間，《明太祖實錄》有關岑堅或岑永昌入貢有以下三條記錄。《明太祖實錄》卷一八七洪武二十年十二月戊申條:「田州府土官知府岑堅遣其子知州永昌貢馬及方物。」〔註291〕《明太祖實錄》卷一九三洪武二十一年九月癸未條:「田州府知府岑堅遣其侄烈等上表，貢馬。」〔註292〕《明太祖實錄》卷二○六洪武二十三年十二月癸酉條:「田州府知府岑堅遣其

〔註284〕《明史》卷一九八，清乾隆四年武英殿刻本，葉二一。參見《明史》，中華書局1974年，第5244頁。

〔註285〕《明史》卷二○五，清乾隆四年武英殿刻本，葉四。參見《明史》，中華書局1974年，第5406頁。

〔註286〕《國朝列卿紀》，《四庫全書存目叢書》史部第94冊，第321頁。

〔註287〕《國朝列卿紀》，《四庫全書存目叢書》史部第94冊，第223頁。

〔註288〕《蠻司合誌》，《中國少數民族古籍集成（漢文版）》第二冊，第228頁。

〔註289〕《行邊紀聞》，《中華文史叢書》之二三，第454頁。

〔註290〕《明史》卷三一八，清乾隆四年武英殿刻本，葉一○。參見《明史》，中華書局1974年，第8239頁。

〔註291〕《明太祖實錄》，第2801頁。

〔註292〕《明太祖實錄》，第2903頁。

子思恩州知州永昌貢方物。」〔註293〕《明太祖實錄》於洪武二十二年缺載岑堅遣人入貢，或岑永昌入貢事，不識本傳之「二十二年」是「二十年」或「二十三年」之訛，抑本傳別有所本耶。

（四四）永昌死，子瑛襲〔註294〕。

今識，此籠統言之，據《土官底簿》，岑永昌與岑瑛之間，尚有岑瑛之兄岑瓛一代。材料如下：

《土官底簿》於「思恩軍民府知府」下云：「岑永昌，係親弟，告襲，除故兄知州職事。永樂四年患病，次男岑瓛告替。七年五月奉令旨，准他替做知州，便與冠帶，敬此。故，絕。十八年，弟岑瑛襲職，殺賊有功。正統三年陞田州知府，仍掌思恩州事。四年改為思恩府，岑瑛就授本府知府。」〔註295〕是岑永昌與岑瑛之間，尚有岑瑛之兄岑瓛一代。本傳此句，籠統言之也。

（四五）宣德二年，瑛遣弟璥貢馬〔註296〕。

今考，《明宣宗實錄》於宣德三年錄此事。辨證如下：

《明宣宗實錄》卷四九宣德三年十二月庚寅條：「廣西思恩州土官知州岑英遣弟璥、湖廣施南宣撫司同知覃敬遣把事黃玘等來朝貢馬，前石南道萬戶府故土官知府覃原子惠貢馬，奏乞襲職。」〔註297〕記錄此事。

（四六）正統三年，進瑛職為知府，仍掌州事。瑛有謀略，善治兵，從征蠻寇，屢有功，故有是命。因與知府岑紹交惡，各具奏，下總兵官及三司議。於是安遠侯柳溥等請陞思恩為府，俾瑛、紹各守疆土，以杜侵爭，從之〔註298〕。

舊考，四庫館臣：「請陞思恩為府。按陞思恩為府在正統四年，見《地理志》。」〔註299〕

〔註293〕《明太祖實錄》，第3075頁。

〔註294〕《明史》卷三一八，清乾隆四年武英殿刻本，葉一〇。參見《明史》，中華書局1974年，第8239頁。

〔註295〕《土官底簿》，《景印文淵閣四庫全書》第599冊，第390頁。

〔註296〕《明史》卷三一八，清乾隆四年武英殿刻本，葉一〇。參見《明史》，中華書局1974年，第8239頁。

〔註297〕《明宣宗實錄》，第1184頁。

〔註298〕《明史》卷三一八，清乾隆四年武英殿刻本，葉一〇。參見《明史》，中華書局1974年，第8239頁。

〔註299〕《明史考證攟逸》，《續修四庫全書》第294冊，第421頁。

今按，是也。正統三年，進岑瑛職為田州知府，仍掌思恩州事。四年改為思恩府，岑瑛就授思恩府知府。辨證如下：

《明史‧地理志》：「正統四年十月升為府。」〔註300〕本傳此句，係取材《明英宗實錄》卷三八正統三年正月壬寅條和卷六〇正統四年十月丙戌條。《明英宗實錄》卷三八正統三年正月壬寅條：「陞廣西思恩州土官知州岑瑛為田州府知府，仍掌州事，以其從征蠻寇有功也。」〔註301〕《明英宗實錄》卷六〇正統四年十月丙戌條：「陞廣西思恩州為府。先是，思恩州土官知州岑瑛殺賊有功，特陞田州府知府，仍掌州事。而瑛輒欲兼管田州府事，與其知府岑紹交惡，各具以聞。事下總兵官及三司官計議。至是，安遠侯柳溥等請陞州為府，俾瑛、紹各守地方，以杜侵奪之患。從之。」〔註302〕又檢《土官底簿》於《思恩軍民府知府》下云：「（永樂）十八年，弟岑瑛襲職。殺賊有功，正統三年陞田州知府，仍掌思恩州事。四年改為思恩府，岑瑛就授本府知府。殺賊有功，陞亞中大夫。」〔註303〕是正統三年，進岑瑛為田州知府，仍掌思恩州事。四年改為思恩府，岑瑛就授思恩府知府。而本傳簡略言之。

又識，一邑二令之情況，在土官地區往往有之。《萬曆野獲編》卷二二《一邑二令》〔註304〕專有討論。然其所舉者，為土流並設之情形，如有土官知州，亦有流官知州。然史上亦有一州兩土知州之情形，如大侯州，奉送法與奉外法，《土官底簿》：「（刀奉罕）正統四年二月被麓川賊人刀怕縛等殺死。嫡長男奉外法，五年六月，奉聖旨：『准他襲，欽此。』奉外法六年七月被麓川賊寇擄殺不存。弟刀奉送，七年正月，奉聖旨，是。著刀奉送襲知州，賜與冠帶，禮部便鑄印，還寫勑與他，欽此。雲南會勘。奉外法七年十二月回還，與弟奉送法同管地方。奉外法病故，長男奉吉利法應襲，送部議，擬將奉吉利法准令襲父職奉外法知州。回還掌印，與知州奉送法同管州事。奉送法終年，子孫不襲。」〔註305〕是由於有功及戰事，出現兩土知州一同管事，回還掌印，其中一個世襲，一個不世襲。本傳此處岑瑛進職為田州府知府，而田州本已

〔註300〕《明史》，中華書局 1974 年，第 1160 頁。

〔註301〕《明英宗實錄》，第 738 頁。

〔註302〕《明英宗實錄》，第 1146 頁。

〔註303〕《土官底簿》，《景印文淵閣四庫全書》第 599 冊，第 390 頁。

〔註304〕《萬曆野獲編》，第 575 頁。

〔註305〕《土官底簿》，《景印文淵閣四庫全書》第 599 冊，第 375 頁。

有土知府岑紹，亦是特例。《明英宗實錄》卷四九正統三年十二月癸亥條：「廣西思恩州土官知州岑瑛、雲南阿迷州故土官知州普覺妻沙濟、四川龍州土官宣撫薛志昇、松潘白馬路長官司土官舍人興布遣舍人岑玘等，俱來朝貢馬，賜彩幣等物有差。」〔註306〕仍稱思恩州土官知州岑瑛，蓋岑瑛田州知府一職，只屬虛銜也。

（四七）以思恩府為思恩軍民府〔註307〕。

今考，事在正統十一年十一月，此繫在正統六年誤。辨證如下：

此繫在正統六年，與《明史·地理志》同。《明史·地理志》曰：「思恩軍民府。元思恩州，屬田州路。洪武二年屬田州府，後屬雲南廣西府。永樂二年八月直隸廣西布政司。正統四年十月升為府。六年十一月升軍民府。」〔註308〕似無疑義。然檢《明英宗實錄》卷一四七正統十一年十一月甲申條：「以廣西思恩府為思恩軍民府，從土官知府岑瑛奏請也。」〔註309〕以正統十一年十一月陞為軍民府。《國榷》卷二六正統十一年十一月甲申條：「廣西思恩府為思恩軍民府。」〔註310〕亦從《實錄》之說。

《土官底簿》於《思恩軍民府知府》下云：「（正統）十二年復改為思恩軍民府。」〔註311〕《（嘉靖）廣西通志》卷五六有弘治年間《布政使龐泮檄》曰：「洪武初年，即令爾先世岑永昌為知州，居民僅八百戶。洪熙元年，乃增獞民七百戶與之。宣德三年，又以上林、武緣、谿洞獞民一百八十戶益之。正統五年，陞為府。十年，又增以八仙洞猺獞六百六十戶。十二年，改為思恩軍民府。其衙門自州而陞為府，其土地自八百戶增至二千三百四十戶，其官職自五品而進四品，其世受朝廷之恩可謂深矣。」〔註312〕以十二年為陞思恩軍民府時間者，蓋指其實施時間。猶之正統四年十月升為思恩府，而云正統五年升者也。亦可為《實錄》「正統十一年十一月」之說佐證。

〔註306〕《明英宗實錄》，第944頁。

〔註307〕《明史》卷三一八，清乾隆四年武英殿刻本，葉一一。參見《明史》，中華書局1974年，第8239頁。

〔註308〕《明史》，中華書局1974年，第1160頁。

〔註309〕《明英宗實錄》，第2897頁。

〔註310〕《國榷》，第1710頁。

〔註311〕《土官底簿》，《景印文淵閣四庫全書》第599冊，第390頁。

〔註312〕《（嘉靖）廣西通志》卷五六，葉一四。

萬斯同《明史‧地理志》：「正統五年改為思恩府，尋改軍民府。」〔註313〕《明史稿‧地理志》：「正統五年改為思恩府，尋改軍民府。」〔註314〕《明史‧地理志》：「正統四年十月升為府。六年十一月升軍民府。」〔註315〕至於《明史》，方據《實錄》改「五年」為「四年十月」，並增入「六年十一月」。檢《明史稿‧思恩傳》：「（正統六年）十一月，以思恩府為思恩軍民府。」〔註316〕繫在正統六年，尚有「十一月」三字，而《明史‧思恩傳》刪潤時刪去之。蓋編纂《明史稿‧思恩傳》時，從《實錄》鈔來材料，而失此條之年份。史臣遂據《地理志》「遂改軍民府」之說，及《大明一統志》等「正統五年改為思恩府，尋改思恩軍民府」〔註317〕之語，為之補作「正統六年」，俾《明史稿‧思恩傳》致誤。待刪潤《明史稿》成《明史》過程中，《地理志》部分又憑藉從《實錄》鈔來之材料進行修改，遂據此誤補之「正統六年」，俾《地理志》又誤。職是之故，陞思恩府為軍民府之時間，當在正統十一年十一月，此繫在正統六年誤。

（四八）瑛以府治僻隘，橋利堡正當猺寇出沒之所，且有城垣公廨，乞徙置，許之。以思恩府為思恩軍民府〔註318〕。

舊考，四庫館臣：「橋利堡正當猺寇出沒之所。『橋』改『喬』。」〔註319〕

今按，不知何據，似不必改。辨證如下：

本傳此句之取材，《明英宗實錄》卷八三正統六年九月庚子條：「廣西思恩府土官知府岑瑛言，府治僻隘，橋利堡正當猺寇出沒之所，且有城垣公廨，乞徙置為便。上從之。」〔註320〕正作「橋利堡」。尚未見到其他相關材料，不敢妄議。

（四九）景泰四年，總兵官陳旺奏：「思恩土兵調赴桂林哨守者，離本府遼遠，不便耕種，稅糧宜暫免。」從之。六月，以

〔註313〕 〔清〕萬斯同：《明史》，《續修四庫全書》史部第325冊，上海古籍出版社2002年，第448頁。

〔註314〕 《明史稿》第一冊，第421頁。

〔註315〕 《明史》，中華書局1974年，第1160頁。

〔註316〕 《明史稿》第七冊，第191頁。

〔註317〕 《大明一統志》，第1304頁。

〔註318〕 《明史》卷三一八，清乾隆四年武英殿刻本，葉一一。參見《明史》，中華書局1974年，第8239頁。

〔註319〕 《明史考證攟逸》，《續修四庫全書》第294冊，第421頁。

〔註320〕 《明英宗實錄》，第1660頁。

瑛親率本部狼兵韋陳威等赴城操練，協助軍威，敕授奉議
大夫，賜綵緞，韋陳威等俱給冠帶〔註321〕。

今考，「奉議大夫」為「正議大夫」之訛。且陳旺上奏免徵稅糧事，《明實
錄》繫在景泰四年六月。辨證如下：

本傳此段後半句之取材，《明英宗實錄》卷二三〇景泰四年六月乙巳條：
「敕通議大夫管廣西思恩府事土官岑瑛曰：『朕以爾親率本府馬步狼兵頭目韋
陳威等於廣西，在城操練，協助軍威，茲特陞爾階為正議大夫，給賜彩段表
裏，其韋陳威等亦俱令冠帶。敕至，爾瑛照舊率兵操練，聽調殺賊，以安邊
境。不許始勤終怠。候有軍功，陞賞不吝，爾其欽承朕命。毋忽。』」〔註322〕
作「正議大夫」。黃彰健曾論及，謂：「通議大夫、正議大夫俱係正三品散官，
若奉議大夫則係從五品散官。」〔註323〕此既是升遷，從通議大夫至正議大夫
則順，從通議大夫至奉議大夫則不合情理矣。檢《土官底簿》云：「（正統）四
年，改為思恩府，岑瑛就授本府知府，殺賊有功，陞亞中大夫。十二年，復改
為思恩軍民府，岑瑛仍任前職。殺賊有功，即陞正議大夫。」〔註324〕亦作「正
議大夫」。則當以「正議大夫」為是。

又本傳此段之前半句之取材，《明英宗實錄》卷二三〇景泰四年六月癸卯
條：「廣西總兵等官陳旺等奏，思恩軍民府土兵調赴桂林哨守者，相離本府遼
遠，農田不得耕種。該納稅糧，宜暫免徵。從之。」〔註325〕繫陳旺上奏免徵
稅糧事於景泰四年六月。而本傳此段之前半句在「六月」之前，是繫其事於
景泰四年六月之前，與《實錄》不合。

（五〇）瑛屢領兵隨征，以子鏴代為知府。鏴招集無賴，肆為不法。
瑛舉發其事，請於總兵，回府治之。鏴聞其父將至，自縊
死。事聞，嘉其能割愛效忠，降敕慰諭〔註326〕。

今識，《土官底簿》與此敘述稍異。辨證如下：

本傳此句之取材，《明英宗實錄》卷二五九景泰六年十月癸亥條：「陞廣

〔註321〕《明史》卷三一八，清乾隆四年武英殿刻本，葉一一。參見《明史》，中華
　　　　書局1974年，第8239頁。
〔註322〕《明英宗實錄》，第5031頁。
〔註323〕《廣西土司傳考證：明史纂誤三續》，《中國歷史研究》第2輯，第73頁。
〔註324〕《土官底簿》，《景印文淵閣四庫全書》第599冊，第390頁。
〔註325〕《明英宗實錄》，第5030頁。
〔註326〕《明史》卷三一八，清乾隆四年武英殿刻本，葉一一。參見《明史》，中華
　　　　書局1974年，第8240頁。

西思明恩軍民府知府岑瑛為右參政。先是，瑛領土兵，隨軍徵調，而以子鏞代為知府撫夷。鏞招集無賴，飲血立誓，殺人為令，所為多不法。瑛舉發其事，請於總兵等官，回府治之。鏞聞其父將至，自縊死。事聞，嘉其能割愛效忠，故有是命，且降勑諭之。」〔註327〕《國榷》卷三一景泰六年十月癸亥條：「思恩軍民府知府岑瑛加右參政。初，瑛從征，子鏞代任，好殺人不法。瑛還按之，鏞懼，自經。故嘉其割愛效忠也。」〔註328〕即取材於《實錄》。

《土官底簿》：「天順元年七月奉聖旨：『岑瑛既歷練老成，累有軍功，不為例，改陞都指揮同知，仍聽總兵鎮守官調用，還寫勑與他知道。欽此。』故，岑鏞襲職。故，該總兵官等照勑事理，將弟岑璲勘明，准令就彼承襲管事。天順三年七月奉聖旨：『是。欽此。』」〔註329〕《廣西名勝志》卷六：「瑛死，子鏞襲，違逆，自縊。以鏞弟鎹襲。」〔註330〕皆以岑瑛死後岑鏞襲。與《實錄》不同。據《明憲宗實錄》卷一七五成化十四年二月庚申條：「賜故廣西都指揮使岑瑛誥命并封其妻。先是，有詔土官能領所部兵殺賊有功者，增秩賜誥以寵異之。瑛初繼父永昌知思恩州事，頻年領兵于外，多所捕斬，歷陞知府、參政、都指揮使。年且八十，尚在軍中。既卒，其子鎹以誥請，故有是命。」〔註331〕則岑瑛成化十四年方卒。《土官底簿》及《廣西名勝志》謂岑瑛死後岑鏞襲，誤。

（五一）天順元年，戶部奏：「思恩存留廣西操練軍一千五百人，有誤種田納糧。乞分為三班，留五百人操練，免其糧七百七十餘石。放回千人耕種，徵其糧千五百四十餘石，俟寧靖日放回全徵。」從之〔註332〕。

今考，《明英宗實錄》繫在天順二年。辨證如下：

本傳此句之取材，《明英宗實錄》卷二九五天順二年九月乙酉條：「戶部奏：『廣西思恩軍民府存留廣西甲軍一千五百人操練，有誤種田納糧。乞分作三班輪流，五百人操練，免其糧七百七十餘石。放回一千人耕種，徵其糧一

〔註327〕　《明英宗實錄》，第5559頁。岑瑛，原作「岑映」，據《校勘記》改。參見《明英宗實錄校勘記》，第932頁。又「思明恩」，當為「思恩」之訛。
〔註328〕　《國榷》，第2000頁。
〔註329〕　《土官底簿》，《景印文淵閣四庫全書》第599冊，第390頁。
〔註330〕　《廣西名勝志》，《續修四庫全書》第735冊，第82頁。
〔註331〕　《明憲宗實錄》，第3163頁。
〔註332〕　《明史》卷三一八，清乾隆四年武英殿刻本，葉一一。參見《明史》，中華書局1974年，第8240頁。

千五百四十餘石，俟地方寧妥，俱放回全徵。』從之。」〔註333〕繫此事於天順二年。與本傳不同。黃明光曾引論之〔註334〕。

今檢《明史稿》，本傳此句不直接「天順元年」數字，而有「天順元年，瑛遣弟岑鑑貢金銀器皿，賜鈔幣」〔註335〕。事在天順元年，見《明英宗實錄》卷二七五天順元年二月壬戌條：「廣西思恩等府知府弟岑鑑等，各遣頭目來朝，貢金銀器皿、馬匹。賜以鈔幣。」〔註336〕恐本傳此句原非繫年在天順元年下者，只是《明史》刪潤《明史稿》時，刪去岑鑑入貢事，遂使本傳此句繫年在天順元年下矣。

（五二）（天順）三年，鎮守中官朱祥奏請量遷瑛都司軍職〔註337〕。

今考，朱祥，當作「朱詳」。辨證如下：

本傳此句之取材，《明英宗實錄》卷三〇五天順三年七月己酉條：「總理廣西軍務左少監朱詳奏：『廣西右參政岑瑛，先為思恩土官知府，累以戰功陞。至今官授從二品散官通奉大夫，乞不為常例，量遷都司軍職。』上曰：『瑛既歷練老成，累有軍功，改陞都指揮同知，仍聽總兵鎮守官調用。』」〔註338〕作「朱詳」。「朱祥」，又見於《潯州傳》，在《廣西土司一》之考證第六五則中已言及。可參見。

（五三）（成化）十六年，田州府土目黃明作亂，知府岑溥避入思恩，鑑會鎮守等官討平之。巡撫朱英請獎鑑功〔註339〕。

舊考，四庫館臣：「巡撫朱英請獎鑑功。『巡撫』改『總督』。」〔註340〕

今按，所改是也。又識，岑鑑是否參與討平，似未可知。辨證如下：

本傳此句之取材，《明憲宗實錄》卷一九九成化十六年正月戊戌條：「總督兩廣軍務兼理巡撫右都御史朱英等奏：『廣西思恩府土官知府岑鑑狀申，田

〔註333〕《明英宗實錄》，第6286頁。

〔註334〕黃明光：《明史廣西土司傳續考》，《中央民族學院學報》，1989年第4期，第34頁。

〔註335〕《明史稿》第七冊，第192頁。

〔註336〕《明英宗實錄》，第5861頁。

〔註337〕《明史》卷三一八，清乾隆四年武英殿刻本，葉一二。參見《明史》，中華書局1974年，第8240頁。

〔註338〕《明英宗實錄》，第6442頁。

〔註339〕《明史》卷三一八，清乾隆四年武英殿刻本，葉一二。參見《明史》，中華書局1974年，第8240頁。

〔註340〕《明史考證攟逸》，《續修四庫全書》第294冊，第421頁。

州府知府岑溥為其頭目黃明聚眾欲殺之出走，避于本府。明大肆屠掠，境內擾亂。臣等會鎮守太監、總兵議，調左參將馬義、都指揮同知謝寧、左布政使沈敬等，率軍撫捕之。明為恩城州知州岑欽所執，並其族屬悉誅之，餘黨潰散。乞量為陞賞義等，並敕獎鐩、欽，以勸有功。』事下兵部覆奏。從之。」〔註341〕稱朱英官職為總督兩廣軍務兼理巡撫右都御史。《明史·鎮安傳》：「（成化）十六年，田州頭目黃明聚眾為亂，知府岑溥走避思恩。總督朱英調參將馬義率軍捕明，明敗走，為恩城知州岑欽所執，并族屬誅之。」〔註342〕亦取材《明實錄》該條，稱朱英為總督。為兩處統一，宜改本傳朱英兼理之「巡撫」為主要官職「總督」。又，據上所引《明憲宗實錄》卷一九九成化十六年正月戊戌條〔註343〕，岑鐩是否參與討平，似未可知。蓋依理推想之。上所引《明史·鎮安傳》文句〔註344〕，亦取材《明實錄》該條，未言及岑鐩。

（五四）濬兵二萬據舊田州，劫龍州印，納故知府趙源妻岑氏〔註345〕。

今考，「知府」為「知州」之訛。辨證如下：

本傳此句之取材，《明孝宗實錄》卷一四九弘治十二年四月甲午條：「濬兵二萬，攻舊田州，遂據之。殺掠男女五千餘人，劫龍州印，納故知州趙源妻岑氏。」〔註346〕原作「知州」。《土官底簿》於「龍州知州」下云：「趙源，成化十一年九月，准就彼冠帶，到任管事。故，無嗣。」〔註347〕是趙源為龍州知州。此作「知府」誤。

（五五）濬從弟業少從中官京師，仕為大理寺副三司〔註348〕。

今識，「從弟」，《明實錄》取材處作「叔」。辨證如下：

本傳此句之取材，《明孝宗實錄》卷一四九弘治十二年四月甲午條：「濬

〔註341〕《明憲宗實錄》，第3495頁。
〔註342〕《明史》，中華書局1974年，第8246頁。
〔註343〕《明憲宗實錄》，第3495頁。
〔註344〕《明史》，中華書局1974年，第8246頁。
〔註345〕《明史》卷三一八，清乾隆四年武英殿刻本，葉一二。參見《明史》，中華書局1974年，第8241頁。
〔註346〕《明孝宗實錄》，第2621頁。
〔註347〕《土官底簿》，《景印文淵閣四庫全書》第599冊，第400頁。
〔註348〕《明史》卷三一八，清乾隆四年武英殿刻本，葉一三。參見《明史》，中華書局1974年，第8241頁。

叔業，少從中官京師，仕為大理寺副內閣書辦三府。」〔註349〕作「濬叔業」。黃彰健曾論及之〔註350〕。

那麼，岑業與岑濬究竟是何關係。《明孝宗實錄》卷二〇六弘治十六年十二月戊申條：「總督兩廣都御史潘蕃奏：『思恩府土官知府岑濬僭叛不服，方用兵誅剿。而濬從弟業以山東布政司參議在內閣制敕房辦事，禁密之地，恐有漏洩之情。請治其罪。』有旨，調業別任，吏部擬改河間長蘆都轉運鹽使司同知。而業亦奏乞閒住養母。上特准養親，令待岑濬事結以聞。」〔註351〕稱岑業為岑濬從弟。《田州岑氏源流譜》載有岑業傳記：「明廷尉岑業，係田州岑猛之從弟也……繼以其再從兄岑濬叛，三司總鎮請敕業往諭。」〔註352〕亦稱岑業為岑濬從弟。則岑業當為岑濬從弟無疑。

《明孝宗實錄》卷一四九弘治十二年四月甲午條，以岑業為岑濬叔〔註353〕。《明史稿》作「濬弟業」〔註354〕，《明史》作「濬從弟業」。是則《明史》不迷信《實錄》之例。

（五六）又攻破田州，猛僅以身免，掠其家屬五十人〔註355〕。

今考，「五十人」，《明實錄》作「百五十人」。辨證如下：

本傳此句之取材，《明孝宗實錄》卷二一〇弘治十七年四月辛丑條：「廣西思恩府土官知府岑濬與田州府土官知府岑猛積不相能，累肆攻劫，轉掠上林、武緣等縣，死者不可勝計。至是，濬攻破田州府，猛僅以身免。其家屬百五十人，皆為所虜。兩廣總鎮等官以聞，兵部請調三廣兵剿之。上從其議，命各勑兵以聽調用。凡進兵機宜，仍令兩廣總鎮等官計處停當。毋輕忽誤事。」〔註356〕作「百五十人」。黃彰健曾論及之〔註357〕。

〔註349〕《明孝宗實錄》，第 2621 頁。
〔註350〕《廣西土司傳考證：明史纂誤三續》，《中國歷史研究》第 2 輯，第 73 頁。
〔註351〕《明孝宗實錄》，第 3830 頁。
〔註352〕谷口房男、白耀天編：《壯族土官族譜集成》，廣西民族出版社 1998 年，第 309 頁。
〔註353〕《明孝宗實錄》，第 2621 頁。
〔註354〕《明史稿》第七冊，第 192 頁。
〔註355〕《明史》卷三一八，清乾隆四年武英殿刻本，葉一三。參見《明史》，中華書局 1974 年，第 8241 頁。
〔註356〕《明孝宗實錄》，第 3908 頁。
〔註357〕《廣西土司傳考證：明史纂誤三續》，《中國歷史研究》第 2 輯，第 73 頁。

（五七）副總兵毛倫、右參政王璘由慶遠，右參將王震、左參將王臣及湖廣都指揮官纓由柳州，左參將楊玉、僉事丁隆由武緣，都指揮金堂、副使姜綰由上林，都指揮何清、參議詹璽由丹良，都指揮李銘、泗城州土舍岑接由工堯，各取道共抵巢寨〔註358〕。

今考，「左參將王臣」為「左參政王臣」之訛。辨證如下：

本傳此句之取材，《明武宗實錄》卷二弘治十八年六月丙辰條：「副總兵毛倫、右參政王璘由慶遠，右參將王震、左參政王臣及湖廣都指揮官纓由柳州，左參將楊玉、僉事丁隆由武緣荒田，都指揮金堂、兵備副使姜綰由上林那學、通感，都指揮何清、右參議詹璽由丹良，都指揮李銘並泗城州土舍岑接目兵由工堯，各取道共抵巢寨。」〔註359〕原作「左參政王臣」。且後有「左參將楊玉」，此似不得再云「左參將王臣」。檢《殿閣詞林記》卷一八《改調》：「弘治十一年，庶子王臣以事出為廣西左參政。」〔註360〕是王臣為左參政明矣。此作「左參將王臣」誤。

（五八）正德七年增設鳳化縣治〔註361〕。

今考，《明實錄》及《明史·地理志》繫其事於正德六年七月。辨證如下：

《明武宗實錄》卷七七正德六年七月癸酉條：「廣西思恩府以岑濬之亂，既更設流官，守臣議請知府而下，設同知一人，清軍兼督糧。通判一人，捕盜。附郭設縣名鳳化，知縣、典史各一人。白山等十四堡，改編里甲，革府知事，改設照磨一人、司獄一人，府學增訓導一人，及設陰陽、醫學。遷古陵驛於荒田堡，即名荒田驛。南海等四堡，選置頭目。及招集原額土軍，令通判管領防守。歲貢銀爐馬匹，土官已革，宜寢。下兵部會議，俱從之。」〔註362〕《明史·地理志》於「思恩軍民府」下云：「東有鳳化縣，正德六年七月置。嘉靖八年十月廢。」〔註363〕皆繫其事於正德六年七月。《（嘉靖）廣西通志》

〔註358〕《明史》卷三一八，清乾隆四年武英殿刻本，葉一三。參見《明史》，中華書局1974年，第8242頁。

〔註359〕《明武宗實錄》，第40頁。

〔註360〕〔明〕黃佐、廖道南：《殿閣詞林記》，《景印文淵閣四庫全書》第452冊，臺灣商務印書館1986年，第359頁。

〔註361〕《明史》卷三一八，清乾隆四年武英殿刻本，葉一四。參見《明史》，中華書局1974年，第8242頁。

〔註362〕《明武宗實錄》，第1700頁。

〔註363〕《明史》，中華書局1974年，第1160頁。

卷二《思恩軍民府圖經》云：「正德七年增鳳化縣。嘉靖八年縣革。」〔註364〕
則與本傳同，繫其事於正德七年。蓋正德六年七月是朝廷下令之時，正德七
年為正式執行時間。

> （五九）新建伯王守仁受命至，一意招撫，而橄受等破八寨賊，因
> 　　　　列思恩地為九土巡檢司，管以頭目，授王受白山司巡檢，
> 　　　　得比於世官〔註365〕。

今識，胡起望言九土巡檢司指九個土巡檢司，中華書局點校本於九土畫
地名線，誤〔註366〕。

> （六〇）其後九司頭目日恣，所轄蠻民不堪，知府陳璸曲加綏戢。
> 　　　　目把劉觀、盧回以復土為名，鼓眾作亂。副使翁萬達因有事
> 　　　　安南，計禽盧回殺之，招回從亂者三十餘人〔註367〕。

今考，「劉觀」為「劉現」之訛。「三十人」為「三千人」之訛。又識，「盧
回」，《明世宗實錄》作「盧廻」。辨證如下：

本傳此句之取材，《廣西名勝志》：「其後九司日恣，所轄夷民不堪，知府
陳璸曲加綏戢。目把劉現、盧回以復土為名，鼓眾煽亂。副使翁萬達因有事
安南，計擒盧回殺之，招回九司從亂者三十餘人。」〔註368〕作「劉現」。更早
之《（萬曆）廣西通志》亦作「劉現」〔註369〕。《明世宗實錄》卷二六〇嘉靖
二十一年四月庚辰條：「先是思恩軍民府既改流官知府，仍分設九巡檢司，用
土目分理之。興隆司土巡檢韋貴、安定司土巡檢潘良者，貪淫殘虐，為眾所
怨恨。土民劉現、盧廻等，因誘眾作亂，聲稱欲盡除九司之官，復流為土，勢
頗猖獗。提督兩廣軍務右侍郎蔡經會總兵安遠侯柳珣議，遣副總兵張經、參
政翁萬達等，督田州各土兵剿之。副使陳茂義撫輯其眾三千餘人。至是且三
年，九司悉平。巡按御史何贊勘上諸臣功次，詔經、珣賜敕獎勵，仍各賞銀
幣。張經陞一級，翁萬達、陳茂義陞俸一級，及參政顧遂、副使許路、僉事莫

〔註364〕《（嘉靖）廣西通志》卷二，葉四。
〔註365〕《明史》卷三一八，清乾隆四年武英殿刻本，葉一四。參見《明史》，中華
　　　　書局1974年，第8242頁。
〔註366〕胡起望：《明史廣西土司傳校補》，《民族研究》，1979年第2期，第48頁。
〔註367〕《明史》卷三一八，清乾隆四年武英殿刻本，葉一四。參見《明史》，中華
　　　　書局1974年，第8242頁。禽，中華書局點校本徑改作「擒」。
〔註368〕《廣西名勝志》，《續修四庫全書》第735冊，第83頁。
〔註369〕《（萬曆）廣西通志》，《明代方志選（六）》，第68頁。

同、參將李蘭、都指揮白泫、田州土舍岑芝，各賞有差。守備王銳，准以功贖罪。」〔註370〕亦記該事，作「劉現」。是「劉觀」為「劉現」之訛無疑。黃明光曾論及之〔註371〕。

又，據上所引材料，「三十人」，其取材處《廣西名勝志》作「三十餘人」。而更早之《（萬曆）廣西通志》則作：「招回九司從亂者三千餘人。」〔註372〕《明世宗實錄》亦作「三千餘人」。二書材料來源不同，而皆作「三千餘人」，當以「三千餘人」為是。蓋《廣西名勝志》採取《（萬曆）廣西通志》時，訛「千」為「十」矣。是以，本傳此處之「三十人」為「三千人」之訛。

又，據上所引材料，「盧回」，其取材處《廣西名勝志》作「盧回」，《（萬曆）廣西通志》亦作「盧回」，而《明世宗實錄》作「盧廻」。未詳孰是。謹附識。

（六一）萬曆七年，督撫吳文華謂九司日以驕黠，編氓甚少，緩急難恃，奏割南寧武緣縣屬思恩，自是思恩稱巨鎮云〔註373〕。

今考，《明實錄》繫此事於萬曆五年，恐當以《實錄》之說為是。辨證如下：

《明神宗實錄》卷六八萬曆五年十月乙未條：「廣西思恩府，自弘治中岑濬叛後，改土為流。嘉靖初，土酋王受作亂，新建伯王守仁撫平之，始遷府治于荒田，割南寧府武緣縣止戈一二，圖為編戶，裂思恩舊治為九土巡簡司，而統于府。至是，兩廣總督淩雲翼以九司種類日悍，蔑視漢官府治，編民甚少，緩急難恃，議改武緣一縣全屬思恩，以資彈壓。又言梧州地方……請添設州同一員，居中撫馭。戶、兵二部覆奏如議。從之」〔註374〕所言者，當即此事。《明史·地理志》：「武緣。府南。元屬南寧路。萬曆五年十月來屬。」〔註375〕採《實錄》之說，亦謂武緣改屬思恩在萬曆五年。

本傳此句，取材《廣西名勝志》：「萬曆七年，督府吳文華謂九司日以驕

〔註370〕《明世宗實錄》，第 5195 頁。

〔註371〕黃明光：《明史廣西土司傳續考》，《中央民族學院學報》1989 年第 4 期，第 36 頁。

〔註372〕《（萬曆）廣西通志》，《明代方志選（六）》，第 68 頁。

〔註373〕《明史》卷三一八，清乾隆四年武英殿刻本，葉一四。參見《明史》，中華書局 1974 年，第 8242 頁。

〔註374〕《明神宗實錄》，第 1476 頁。

〔註375〕《明史》，中華書局 1974 年，第 1161 頁。

點，編民甚少，緩急難恃，奏割南寧武緣縣屬思恩，自是思恩稱巨鎮矣。」〔註376〕更早之《（萬曆）廣西通志》同之〔註377〕。

又本傳謂吳文華提出此奏議。而《實錄》則謂凌雲翼提出奏議。此又不同之處。查二人之生平。《國朝列卿紀》卷一〇七《總督兩廣尚書侍郎都御史年表》：「凌雲翼，直隸太倉人。嘉靖丁未進士，萬曆三年以兵部左侍郎任，加右都御史。劉堯誨，湖廣臨武人。嘉靖癸丑進士。萬曆六年以兵部左侍郎任，加右都御史。陳瑞，福建長樂人。嘉靖癸丑進士。萬曆八年以兵部尚書兼左都御史任。」〔註378〕又曰：「吳文華，福建連江人。嘉靖丙辰進士。萬曆十四年以右都御史兼兵部右侍郎任，兼巡撫。」〔註379〕《國朝列卿紀》卷一〇九《巡撫廣西侍郎都御史等官年表》：「吳文華，福建連江人。嘉靖丙辰進士。萬曆三年，由應天府尹陞右副都任。六年陞戶部右侍郎。」〔註380〕又曰：「吳文華，見前。萬曆十一年起兵部右侍郎兼僉都再任。五月改刑部右侍郎。」〔註381〕《明神宗實錄》卷八八萬曆七年六月甲午條：「新陞戶部右侍郎吳文華以母疾疏乞終養。許之。」〔註382〕是萬曆五年時，凌雲翼為兩廣總督，吳文華為廣西巡撫。而萬曆七年時，凌雲翼已離任，七年六月吳文華亦離任。觀《實錄》與《（萬曆）廣西通志》之敘述，似即一人所言。巡撫、總督皆可稱為督撫。恐此是兩廣總督凌雲翼、廣西巡撫吳文華等會議所奏，故一記作凌雲翼，一記作吳文華，如此，萬曆七年凌雲翼已離任，則本傳此事，當從《實錄》作「萬曆五年」。

鎮安

（六二）明洪武元年，鎮安歸附。以舊治僻遠，移建廢凍州，改為府。授土官岑添保知府，朝貢如例〔註383〕。

舊識，四庫館臣：「改為府。按鎮安於洪武二年改府，見《地理志》及《方輿紀要》。」

〔註376〕《廣西名勝志》，《續修四庫全書》第 735 冊，第 83 頁。

〔註377〕《（萬曆）廣西通志》，《明代方志選（六）》，第 68 頁。

〔註378〕《國朝列卿紀》，《四庫全書存目叢書》史部第 94 冊，第 322 頁。

〔註379〕《國朝列卿紀》，《四庫全書存目叢書》史部第 94 冊，第 322 頁。

〔註380〕《國朝列卿紀》，《四庫全書存目叢書》史部第 94 冊，第 346 頁。

〔註381〕《國朝列卿紀》，《四庫全書存目叢書》史部第 94 冊，第 346 頁。

〔註382〕《明神宗實錄》，第 1826 頁。

〔註383〕《明史》卷三一八，清乾隆四年武英殿刻本，葉一五。參見《明史》，中華書局 1974 年，第 8243 頁。

今識，移建治所，改為府，授岑添保知府，俱在洪武二年。又，岑添保，一作岑天保。辨證如下：

《明史・地理志》：「鎮安府。元鎮安路。洪武二年為府。西有鎮安舊城。洪武二年徙於廢凍州，即今治也。」〔註384〕《大明一統志》：「本朝洪武二年，以舊治僻遠，移建廢凍州，改鎮安府。」〔註385〕《（嘉靖）廣西通志》卷五二：「洪武二年，以舊治僻遠，移建廢凍州。改鎮安府。」又曰：「土官岑姓，元為鎮安路總管。國朝洪武元年，岑天保納土歸附。二年錫印，授本府知府，世襲。詔進朝列大夫。天保卒，子志綱襲，進中順大夫。」〔註386〕又《土官底簿》於「鎮安府知府」下云：「岑天保，本府土官籍。洪武二年授知府。故，嫡長男岑志剛，二十八年十一月襲。」〔註387〕由上所引材料，知鎮安歸附，在洪武元年。移建治所，改為府，授岑添保知府，則俱在洪武二年。本傳此段混言之，是為敘述方便，而有誤導之嫌，故附識之。

又，據上所引《（嘉靖）廣西通志》卷五二和《土官底簿》，作「岑天保」。本傳作「岑添保」，乃從《明實錄》而來。《明太祖實錄》卷一八七洪武二十年十二月己巳條：「廣西鎮安府知府岑添保、思城州及崇善縣土官各貢方物，賀明年正旦。」〔註388〕又卷二三二洪武二十七年三月甲寅條：「廣西鎮安府知府岑添保上言。」〔註389〕皆作「岑添保」。未詳孰是，存疑待考。

（六三）永樂中，向武知州黃世鐵侵奪鎮安高寨等地，朝廷遣兵討平之，以其地屬鎮安〔註390〕。

今考，事在洪武二十八年，此作「永樂中」誤。辨證如下：

胡起望曾據《（光緒）鎮安府志》及《明史・向武州傳》判定「永樂中」為「洪武中」之誤〔註391〕。今更詳為辨之。

本傳此句，檢《明史稿》作：「先是，向武知州黃世鐵侵奪鎮安高寨等地，朝廷遣兵討平之，以其地屬鎮安。永樂九年，知府岑永壽襲職，遣叔岑榮堅

〔註384〕 《明史》，中華書局1974年，第1164頁。
〔註385〕 《大明一統志》，第1305頁。
〔註386〕 《（嘉靖）廣西通志》卷五二，葉五。
〔註387〕 《土官底簿》，《景印文淵閣四庫全書》第599冊，第392頁。
〔註388〕 《明太祖實錄》，第2806頁。
〔註389〕 《明太祖實錄》，第3391頁。
〔註390〕 《明史》卷三一八，清乾隆四年武英殿刻本，葉一五。參見《明史》，中華書局1974年，第8243頁。
〔註391〕 胡起望：《明史廣西土司傳校補》，《民族研究》，1979年第2期，第48頁。

貢馬謝恩。」〔註392〕《明史》已刪去永樂九年永壽謝恩事。蓋受「永樂九年」影響，遂將「先是」改作「永樂中」。其實未必然也。

「先是」一句，實取材於《明太祖實錄》卷二四六洪武二十九年七月戊午條：「廣西鎮安府土官岑志綱遣其從兄岑武貢馬及方物。先是，向武州知州黃世鐵侵奪鎮安高寨等地，殺掠其人民馬牛，朝廷遣兵平之，以其地屬鎮安，故志綱奉表入貢謝恩。」〔註393〕故從《實錄》視之，黃世鐵侵奪高寨，並為朝廷平定一事，在洪武二十九年七月以前，應無疑義。

查《土官底簿》於「向武州知州」下云：「黃世或，田州府富勞縣民。洪武二年除本縣知縣。二十八年，因見黃世鐵，任向武州知州，與鎮安府爭占地方，大軍征勦。彼時世或懼怕，帶印信逃往泗城州潛住。三十二年，總兵官招回，仍原管地方，有向武、富勞等州縣。頭目黃五等告保，除任向武州土官，帶管富勞縣事。」〔註394〕又於「奉議州知州」下云：「黃嗣昌，係向武州土官知州黃世或男。嗣昌有祖黃志威，已備方物，令伯父黃世鐵赴京。奏准，除伯父黃世武任都康州知州，次伯父黃世鐵任向武州知州，父世或授富勞縣知縣……二十八年，為鎮安府奏，發蒙大軍到來征進，父黃世或懼怕，前往泗城州寄住。三十二年，蒙總兵官招諭，父黃世或回守地方。赴京。三十三年，除署向武州土官，帶管富勞縣事。永樂元年實授。」〔註395〕是從《土官底簿》視之，黃世鐵侵奪高寨，並為朝廷平定一事，在洪武二十八年。

《明太祖實錄》卷二四〇洪武二十八年八月丁卯條：「命左軍都督府左都督楊文佩征南將軍印，為總兵官，廣西都指揮使韓觀為左副將軍，右軍都督府都督僉事宋晟為右副將軍，劉真為參將，率京衛精壯馬步官軍三萬人至廣西，會各處軍馬討龍州土官趙宗壽及奉議、南丹、向武等州叛蠻，賜文等及從征指揮而下鈔有差。師行，遣使祭嶽鎮、海瀆諸神曰：『昔者，元運將終……近者，蠻夷酋長趙宗壽及奉議等州不循治化，負固殄民，故命將討之，兵興重事，不敢不告。所以告者，兵行十萬，各離父母妻子……是其禱也。』」〔註396〕所引之祭文，詳見於《岱史》卷七《望典紀》：「洪武二十八年遣神樂觀道士樂本然、國子監□王濟祭曰……今洪武乙亥四月間，廣西布政司報，蠻夷酋長龍州趙宗

〔註392〕《明史稿》第七冊，第 193 頁。
〔註393〕《明太祖實錄》，第 3573 頁。
〔註394〕《土官底簿》，《景印文淵閣四庫全書》第 599 冊，第 390 頁。
〔註395〕《土官底簿》，《景印文淵閣四庫全書》第 599 冊，第 403 頁。
〔註396〕《明太祖實錄》，第 3486 頁。

壽、奉議州黃世鐵，不循治化，禍國殃民。兵興之事本重，既行，不敢不告。所以告者，兵行十萬，各離父母妻子。」〔註397〕祭文提及黃世鐵，故知《明太祖實錄》洪武二十八年八月丁卯條之征廣西事，實包括征伐侵奪高寨之黃世鐵。且可由祭文知，黃世鐵作亂在洪武二十八年四月間，侵奪高寨當在此前後。此戰事之結果，見於《明太祖實錄》卷二四二洪武二十八年十月癸卯條：「平奉議州蠻寇……斬賊首黃世鐵並其黨一萬八千三百六十餘人、賊屬八千二百八十七人，焚死男女四百三十四人，招降蠻民復業者六百四十八戶，徙置象州武仙縣，蠻寇遂平。時兵部尚書致仕唐鐸參議軍事，以朝廷嘗命征進畢日置衛守之，乃會諸將相度山川形勢，置奉議等衛並向武、河池、懷集、武仙、賀縣等處守禦千戶所，設官軍鎮之。事聞，詔從其言。」〔註398〕結合《土官底簿》，可知本傳此句所提及之黃世鐵侵奪高寨，並為朝廷平定一事，事在洪武二十八年明矣。

至於《廣西名勝志》卷九：「洪武三十五年，向武知州黃世鐵侵奪高寨等地，督府遣兵夷之，以其地屬鎮安。」〔註399〕繫其事於洪武三十五年。由《明實錄》，知洪武二十八年十月，黃世鐵已死。從《土官底簿》視之，洪武三十五年，向武州知州已為黃世或。故知《廣西名勝志》之繫年有誤。

（六四）嘉靖十四年，田州盧蘇作亂，糾歸順州土官岑璋攻毀鎮安府，目兵遇害者以萬計。按臣曾守約以聞，帝命新建伯王守仁治之〔註400〕。

舊考，四庫館臣：「帝命新建伯王守仁治之。改『帝命兩廣總督陶諧治之』。按王守仁卒於嘉靖八年，此係十四年事，何以命守仁治之。是時陶諧總督兩廣，據《諧傳》及《明實錄》、《明史紀事本末》改。」〔註401〕中華書局：「按臣曾守約以聞帝命守臣治之。守臣，原作『新建伯王守仁』。按田州盧蘇反抗事，前後二次。首次在嘉靖六年，御史石金以聞，命新建伯王守仁鎮壓之，見下文《田州傳》及《世宗實錄》卷七四嘉靖六年三月乙未條。第二次即本傳所述，見《世宗實錄》卷一八二嘉靖十四年十二月丁未條稱『巡按御史曾守約

〔註397〕〔明〕查志隆：《岱史》，《四庫禁毀書叢刊》史部第11冊，北京出版社1997年，第538頁。
〔註398〕《明太祖實錄》，第3522頁。
〔註399〕《廣西名勝志》，《續修四庫全書》第735冊，第103頁。
〔註400〕《明史》卷三一八，清乾隆四年武英殿刻本，葉一五。參見《明史》，中華書局1974年，第8244頁。
〔註401〕《明史考證攟逸》，《續修四庫全書》第294冊，第421頁。

以聞』，『命守臣亟為議處』。傳文將二事混作一事，故有此誤。且王守仁卒於嘉靖七年，安得預卒後事。今改正。」〔註402〕

今按，前人所說是也，是時守仁已卒，此作守仁誤。但有三點需說明之：

一是守仁之卒，在嘉靖七年，當從中華書局《校勘記》之說。黃綰《陽明先生行狀》：「（嘉靖七年十一月）廿九日至南康縣，將屬纊，家童問何所囑。公曰：『他無所念，平生學問方纔見得數分，未能與吾黨共成之，為可恨耳！』遂逝。」〔註403〕《年譜》：「（嘉靖七年）十一月丁卯，先生卒于南安。」〔註404〕可證。

二是致誤之由。中華書局《校勘記》之混二事為一事，可備一說。其他尚有誤「守臣」為「守仁」說，見夏燮《明通鑑》卷五六嘉靖十四年十二月丁未條之考異：「盧蘇殺岑邦相事，見《明史·土官傳》。《傳》言『御史曾守約以聞，帝命守仁亟為勘處』，誤也。守仁卒于嘉靖七年，即令盧蘇殺岑邦相事在前，而《實錄》奏報乃在是年十二月，安得有命守仁勘處之事？再檢《實錄》，乃『命守臣亟為勘處』，《明史》傳寫，誤『臣』為『仁』也。今刊改，仍據《實錄》書之。」〔註405〕黃雲眉亦同意之〔註406〕。按本傳此句之取材，《明世宗實錄》卷一八二嘉靖十四年十二月丁未條：「廣西田州土目盧蘇殺本州州判岑邦相，因糾歸順州土官岑瓛構引夷兵，攻燬鎮安府。目民遇害者以萬計。巡按御史曾守約以聞。兵部言，盧蘇先年扒置岑猛作亂，後蒙朝廷寬恤，授以官職。自當盡忠圖報。今乃殺逐官男，構引外夷，荼毒生靈，為地方患，法當誅戮。但土夷族類，狼子野心，爭官仇殺，乃其常習。雖係建立衙門，比之腹裏，自是不同。若因仇殺之故，輒興問罪之師，驅吾子弟攻彼虎狼，殺戮之慘，供役之繁，蕭然糜費矣。當相机處治，先降詔切責，宣布恩威，開其自新之路。若蘇等能自縛投順，或宜少寬其誅。否則調兵剿殺毋赦。上從部議，命守臣亟為議處。」〔註407〕故編纂《明史》過程中，將「守臣」

〔註402〕《明史》，中華書局1974年，第8255、8256頁。

〔註403〕〔明〕黃綰：《陽明先生行狀》，〔明〕王守仁：《王陽明全集》，上海古籍出版社2014年，第1579頁。

〔註404〕《年譜》，〔明〕王守仁：《王陽明全集》，上海古籍出版社2014年，第1463頁。

〔註405〕〔清〕夏燮：《（新校）明通鑑》，世界書局股份有限公司2013年，第2124頁。

〔註406〕《明史考證》，第2511頁。

〔註407〕《明世宗實錄》，第3880頁。攻燬鎮安府，原作「攻鎮燬安府」。目民遇害，原作「自民遇害」。撥置，原作「扒置」。供役之繁，原作「俱役之繁」。皆據《校勘記》改。參見《明世宗實錄校勘記》，第1135頁。

訛作「守仁」亦有可能。亦可備一說。

三是四庫館臣所改之「帝命兩廣總督陶諧治之」。四庫館臣改正舊字，必保證改成字數與被改字數相等。若一處不得相等，則必於附近損益之。以求字數不變。然據《國朝列卿紀》卷一〇七《總督兩廣尚書侍郎都御史年表》：「陶諧，浙江會稽人。進士。嘉靖十一年以兵部右侍郎兼左僉都御史任。錢如京，直隸桐城人。進士。嘉靖十四年以兵部左侍郎兼左僉都御史任。潘旦，直隸婺源人。進士嘉靖十五年以兵部左侍郎兼左僉都御史任。十六年取回南京兵部。」〔註408〕《明世宗實錄》卷一七四嘉靖十四年四月癸巳條：「命兵部左侍郎錢如京兼都察院右副都御史提督兩廣軍務兼理巡撫。」〔註409〕又卷一九三嘉靖十五年十一月甲子條：「陞提督兩廣軍務兵部左侍郎錢如京為南京戶部尚書戶部右侍郎。唐冑為本部左侍郎，改南京工部右侍郎。王堯封為戶部右侍郎。」〔註410〕又卷一九三嘉靖十五年十一月壬申條：「刑部右侍郎潘旦為兵部左侍郎兼右副都御史提督兩廣軍務兼理巡撫。」〔註411〕嘉靖十四年十二月，任兩廣總督者是錢如京，而非陶諧，此需要注意者。

田州

> （六五）田州，古百粵地。漢屬交阯郡。唐隸邕州都督府。宋始置田州，屬邕州橫山寨。元改置田州路軍民總管府。明興，改田州府，省來安府入焉。後改田州，領縣一，曰上林〔註412〕。

舊考，四庫館臣：「唐隸邕州都督府。『唐』下增『置田州』三字。宋始置田州。改『宋因之』。按《新唐書》，田州，開元中開蠻洞置。則唐始置田州也，此云宋始置誤。『後改田州』。刪『田』字。」〔註413〕

今按，四庫館臣以為「宋始置田州」誤，故作如此改動。文淵閣本《明史》所改同，唯「後改田州」，未刪「田」字〔註414〕。據《通典》卷一八四：

〔註408〕《國朝列卿紀》，《四庫全書存目叢書》史部第94冊，第321頁。
〔註409〕《明世宗實錄》，第3777頁。
〔註410〕《明世宗實錄》，第4079頁。
〔註411〕《明世宗實錄》，第4082頁。
〔註412〕《明史》卷三一八，清乾隆四年武英殿刻本，葉一六。參見《明史》，中華書局1974年，第8244頁。
〔註413〕《明史考證攟逸》，《續修四庫全書》第294冊，第421頁。
〔註414〕《明史》，《景印文淵閣四庫全書》第302冊，第596頁。

「田州。今理都救縣。土地與朗寧郡同。大唐為田州，或為橫山郡。」〔註415〕《舊唐書・地理志》：「田州。土地與邕州同，失廢置年月，疑是開元中置。天寶元年，改為橫山郡。乾元元年，復為田州。」〔註416〕《新唐書・地理志》：「田州橫山郡，下。開元中開蠻洞置，貞元二十一年廢，後復置。」〔註417〕是唐代已有田州可知也。本傳此句，係據《大明一統志》〔註418〕成說，誤矣。

（六六）（洪武）六年，田州溪峒蠻賊竊發，伯顏討平之〔註419〕。

今考，謂伯顏討平未必正確。辨證如下：

本傳此句之取材，《明太祖實錄》卷八三洪武六年七月己巳條：「田州溪洞蠻賊竊發，土官總管黃志威、知府岑子振討平之。」〔註420〕蓋是時岑伯顏為田州知府，而此岑子振不知是何知府，故《明史》將其改作岑伯顏。然伯顏是否參與討平則未可知，《明史》之改，不知何據，故謂伯顏討平未必正確。

《明太祖實錄》卷四八洪武三年正月甲午條：「遣使以文綺、上尊往賜來安府知府岑漢忠及其弟漢良子子振。」〔註421〕有岑子振。黃彰健據之云：「來安府於洪武十七年併入田州府，則岑子振在洪武六年時可能為來安府知府。《實錄》所書，不宜輕易更改。」〔註422〕可備一說。

（六七）（洪武）十六年，伯顏死，子堅襲〔註423〕。

今考，岑伯顏即岑堅。辨證如下：

本傳此句，《明史稿》作：「十六年，伯顏死，子堅襲。遣其姪上表，貢馬，詔賜綺帛有差。」〔註424〕蓋取材乎《明太祖實錄》卷一五〇洪武十五年十二月己丑條：「田州府知府岑堅遣其姪烈等上表，貢馬及方物，詔賜綺

〔註415〕《通典》，第4937頁。
〔註416〕《舊唐書》，第1740頁。
〔註417〕《新唐書》，第1105頁。
〔註418〕《大明一統志》，第1303頁。
〔註419〕《明史》卷三一八，清乾隆四年武英殿刻本，葉一六。參見《明史》，中華書局1974年，第8245頁。
〔註420〕《明太祖實錄》，第1491頁。
〔註421〕《明太祖實錄》，第950頁。
〔註422〕《廣西土司傳考證：明史纂誤三續》，《中國歷史研究》第2輯，第74頁。
〔註423〕《明史》卷三一八，清乾隆四年武英殿刻本，葉一六。參見《明史》，中華書局1974年，第8245頁。
〔註424〕《明史稿》第七冊，第194頁。

帛有差。」〔註425〕以《實錄》未提及岑伯顏死，岑堅襲，而《實錄》此條
提及知府岑堅。故修纂《明史》時，《明史稿》採取《實錄》，而在其前補「伯
顏死，子堅襲」。以岑堅之貢馬在十五年年末，故繫其事於十六年。然岑伯
顏與岑堅，未必父子關係。

　　《（嘉靖）廣西通志》卷五二於「田州」下云：「先岑伯顏者，繼為田州
及來安二路總管。國朝洪武元年，伯顏遣使齎印章歸附。尋改路為府，錫印，
以岑堅授知府，世襲。死，子永通襲。」〔註426〕以岑伯顏歸附，岑堅首授
知府。據《（嘉靖）廣西通志》卷五六載王守仁議上田州事宜曰：「各夷告稱，
其先世岑伯顏者，嘗欽奉太祖高皇帝勅旨：『岑黃二姓，五百年忠孝之家，
禮部好生看他。著江夏侯護送岑伯顏為田州府土官知府職事，傳授子孫，代
代相繼承襲。欽此欽遵。』其後如岑永通、岑祥、岑紹、岑鐵、岑鏞、岑溥，
皆嘗著征討之績，有保障之功。」〔註427〕則云岑伯顏首授知府。引明太祖
勅旨，當無疑義。檢《明太祖實錄》卷三二洪武元年七月己巳條：「廣西左
江太平府土官黃英衍、右江田州府土官岑伯顏等遣使齎印章詣平章楊璟降。」
〔註428〕又卷四三洪武二年七月丁未條：「廣西右江田州府土官岑伯顏、來安
府岑漢忠、向武州黃世鐵、左江太平府黃英衍、思明府黃忽都、龍州趙帖堅
各遣使奉表貢馬及方物。詔以伯顏為田州府知府，漢忠為來安府知府，世鐵
為向武州知州，英衍為太平府知府，忽都為思明府知府，帖堅為龍州知州兼
萬戶，皆許以世襲。」〔註429〕云岑伯顏歸附，岑伯顏首授知府。綜合上述
材料，是岑伯顏歸附並授知府無疑。然《（嘉靖）廣西通志》何以有岑堅首
授知府之說？若岑伯顏、岑堅為父子，一書之中，何以前後矛盾若是。恐岑
伯顏與岑堅實即一人。

　　檢《土官底簿》於「田州府知府」下云：「岑伯顏，即岑間，由世襲土
官，洪武元年齎前朝印信，率眾歸附復職。洪武二十年，授田州府知府，長
男岑永通授上隆州知州。洪武二十六年，岑堅故，欽准承襲。患病。長男岑
祥備方物馬匹，赴京朝覲告替。永樂三年十二月，奉聖旨：『准他替職。欽

〔註425〕《明太祖實錄》，第2369頁。岑堅，原作「芥堅」。據《校勘記》改。參見
　　　　《明太祖實錄校勘記》，第534頁。
〔註426〕《（嘉靖）廣西通志》卷五二，葉六。
〔註427〕《（嘉靖）廣西通志》卷五六，葉二五。
〔註428〕《明太祖實錄》，第571頁。
〔註429〕《明太祖實錄》，第853頁。

此。』」〔註430〕又於「思恩軍民府知府」下云：「岑永昌，原係思恩州在城籍，係本府土官知府岑堅第三男。前元有兄岑永泰，隨父岑堅同詣軍前納款。洪武二年頒降思恩州印信，與兄岑永泰任知州。故，無兒男，岑永昌係親弟，告襲，除故兄知州職事。」〔註431〕又於「田州府上隆州」下云：「知州岑永通，係本府在城籍。已故田州府知府岑堅長男。洪武元年領眾歸附。二年十月，除授知州。二十六年，父岑堅病故。永通係長男，具奏欽准襲父田州府土官知府職事。」〔註432〕按「田州府知府」條之「岑伯顏，即岑間」有訛字。後文有「岑堅故」之語，且其子為岑永通，而「田州府上隆州」條云岑永通為「岑堅長男」，由此看來，「岑間」為「岑堅」之訛無疑。岑伯顏即岑堅。黃明光曾論及之〔註433〕。附按，「田州府知府」條之「洪武二十年，授田州府知府，長男岑永通授上隆州知州」，「洪武二十年」誤，當作「洪武二年」。且不論《實錄》之授知府記錄，與洪武二十年前有田州知府之記載。《土官底簿》之「田州府上隆州」云：「（岑永通）二年十月，除授知州。」云洪武二年。《土官底簿》之「思恩軍民府知府」條，岑永泰洪武元年隨父岑堅歸附，「洪武二年頒降思恩州印信，與兄岑永泰任知州。」此皆可證者。

《十駕齋養新錄》卷九《蒙古語》：「元人以本國語命名……或取吉祥：如伯顏者，富也。」〔註434〕是伯顏為蒙古語，意為富，而蒙古人有以之命名者。然非但蒙古人以蒙古語命名，即內地人亦有以蒙古語命名者。《陔餘叢考》卷一八《元制蒙古色目人隨便居住》下注云：「又有內地人作蒙古名者。如賀勝，鄠縣人，字伯顏。楊朵耳只及來阿八赤皆寧夏人。劉哈喇不花本江西人……楊賽因不花，本播州土官，世祖以其歸附，特賜以國語為名。此又出于特賜者。《明史‧楊璟傳》，元末有廣西土官岑伯顏。可見元時土官多有以蒙古語為名者，蓋又因播州之特賜而諸土官皆效之。」〔註435〕謂此也。蓋元時土官以蒙古名為榮，岑伯顏當元之末，在所不免。至於有明，天翻地覆，自不合時宜，便用漢名岑堅矣。物有必至，事有固然。

〔註430〕《土官底簿》，《景印文淵閣四庫全書》第599冊，第387、388頁。
〔註431〕《土官底簿》，《景印文淵閣四庫全書》第599冊，第390頁。
〔註432〕《土官底簿》，《景印文淵閣四庫全書》第599冊，第404頁。
〔註433〕黃明光：《明史廣西土司傳續考》，《中央民族學院學報》1989年第4期，第36頁。
〔註434〕〔清〕錢大昕：《十駕齋養新錄》，上海書店1983年，第214頁。
〔註435〕〔清〕趙翼：《陔餘叢考》，（上海）商務印書館1957年，第356頁。

（六八）（洪武）十七年，都指揮使耿良奏：「田州知府岑堅、泗州知州岑善忠率其土兵，討捕猺寇，多樹功績。臣欲令選取壯丁各五千人，立二衛，以善忠之子振、堅之子永通為千戶，統眾守禦，且耕且戰，此古人以蠻攻蠻之術也。」詔行其言〔註436〕。

今考，《明太祖實錄》繫此事於洪武十六年十月。又，泗州，當作「泗城州」。辨證如下：

本傳此句之取材，《明太祖實錄》卷一五七洪武十六年十月己亥條：「廣西都指揮使耿良言：『田州府知府岑堅、泗城州知州岑善忠率其土兵討捕猺寇，多樹功績，臣欲令其選取壯丁各五千人，立為二衛，以善忠之子振、堅之子永通為千戶，統率其兵，俾之守禦，且耕且戰，此古人以蠻夷攻蠻夷之策也。如此則官軍無遠冒瘴癘之患，民免饋運之勞矣。』詔是其言，行之。」〔註437〕繫此事於洪武十六年十月。且作「泗城州」。

檢《明史・地理志》：「泗州。元屬淮安路。太祖吳元年屬臨濠府。洪武二年九月直隸中書省。四年二月還屬府，後以州治臨淮縣省入。」〔註438〕是明代他處有稱作「泗州」之地名。故此處之「泗城州」不可省作「泗州」。查《明史稿》作「泗城州」〔註439〕，是《明史》刪潤《明史稿》太過矣。

（六九）永樂元年，堅死，子永通襲〔註440〕。

今識，《土官底簿》謂岑堅死於洪武二十六年。辨證如下：

本傳此句，謂永樂元年，岑堅死，子永通襲。不見於《明實錄》，未知何據。《明實錄》最後一次關於田州知府岑堅之記錄，見《明太祖實錄》卷二三〇洪武二十六年十二月癸巳條：「廣西太平府太平州知州李圓泰貢白金器皿及馬，田州府知府岑堅等貢馬及方物。」〔註441〕為洪武二十六年十二月。而《土官底簿》於「田州府知府」下云：「長男岑永通授上隆州知州。洪武二十六年，岑堅

〔註436〕 《明史》卷三一八，清乾隆四年武英殿刻本，葉一六。參見《明史》，中華書局1974年，第8245頁。
〔註437〕 《明太祖實錄》，第2438、2439頁。
〔註438〕 《明史》，中華書局1974年，第914頁。
〔註439〕 《明史稿》第七冊，第194頁。
〔註440〕 《明史》卷三一八，清乾隆四年武英殿刻本，葉一七。參見《明史》，中華書局1974年，第8245頁。
〔註441〕 《明太祖實錄》，第3368頁。

故，欽准承襲。」〔註442〕又於「田州府上隆州」下云：「知州岑永通，係本府
在城籍。已故田州府知府岑堅長男。洪武元年領眾歸附。二年十月，除授知州。
二十六年，父岑堅病故。永通係長男，具奏欽准襲父田州府土官知府職事。」
〔註443〕《土官底簿》以洪武二十六年岑堅病故。恰與《明實錄》最後一次記錄
岑堅在洪武二十六年十二月相印證。其岑堅之死，在洪武二十六年乎？

　　洪武二十六年至永樂元年間，《明實錄》關於岑永通之記錄計三條。《明太
祖實錄》卷二三四洪武二十七年九月是月條：「廣西田州府上隆州知州岑永通
遣其弟永玉等貢馬十二匹。」〔註444〕《明太祖實錄》卷二四四洪武二十九年二
月是月條：「田州府上隆州知州岑永通遣其子岑安等貢馬及方物，詔賜安等文
綺、衣服。」〔註445〕洪武二十九年二月，岑永通仍稱作上隆州知州。《明太宗
實錄》卷二四永樂元年十月己未條：「廣西田州府土官知府岑永通遣弟岑仕來
朝貢馬，賜之鈔幣。」〔註446〕岑永通之被稱田州知府，自該條始。若《明實錄》
記載無誤，則岑永通之襲職，在洪武二十九年二月至永樂元年十月之間。

（七〇）官軍追至雲南富州，奪回鐸等及其子若壻，斬首四十九級，賊眾悉降〔註447〕。

　　今識，此子若壻是呂趙之子若壻。辨證如下：

　　本傳此句，取材《明英宗實錄》卷三一三天順四年三月壬午條：「協贊廣
西軍務監察御史吳禎奏：臣奉敕剿捕田州府反賊呂趙，選調官軍、土兵，分
水、陸路進攻，破功饒、婪鳳二關，直搗府城。呂趙携妻子，挾知州岑鐸等宵
遁。官軍追至雲南富州，奪回鐸等，擒其子若婿，斬首四十九級，賊眾悉降。
趙以數騎走鎮安府，追及之，斬趙及其子四人、從賊十八人，獲其妻孥及偽
太平王木印、無敵將軍銅印、龍鳳旗、盔甲等物。復委知府岑鏞仍掌府事，撫
安人民，田州以平。上遣敕獎諭禎等，仍敕鏞謹守法度，保全宗族。」〔註448〕

〔註442〕《土官底簿》，《景印文淵閣四庫全書》第599冊，第387、388頁。
〔註443〕《土官底簿》，《景印文淵閣四庫全書》第599冊，第404頁。
〔註444〕《明太祖實錄》，第3426頁。
〔註445〕《明太祖實錄》，第3551頁。
〔註446〕《明太宗實錄》，第441頁。
〔註447〕《明史》卷三一八，清乾隆四年武英殿刻本，葉一七。參見《明史》，中華
　　　　書局1974年，第8245頁。
〔註448〕《明英宗實錄》，第6558頁。二關，原作「二闕」。據《校勘記》改。參見
　　　　《明英宗實錄校勘記》，第1126頁。

此子及堉為官軍擒拿，是呂趙之子若堉可知也。本傳此句之描述甚簡，有誤讀為岑鐸之子若堉之可能，故附識之。

（七一）巡撫秦紘請合貴州、湖廣及兩廣兵剿之〔註449〕。

舊考，四庫館臣：「巡撫秦紘。『巡撫』改『總督』。按《紘本傳》，時為右都御史，總督兩廣。此云『巡撫』誤。」〔註450〕

今考，秦紘為右都御史總督兩廣軍務兼理巡撫，故本傳此句稱其為「巡撫」。辨證如下：

本傳此句之取材，《明孝宗實錄》卷三八弘治三年五月庚辰條：「巡撫都御史秦紘等奏，請調貴州、湖廣官軍土兵，合兩廣漢達官軍剿之。」〔註451〕作「巡撫都御史」。檢《明孝宗實錄》卷二四弘治二年三月乙丑條：「陞總督漕運都察院左副都御史秦紘為右都御史總督兩廣軍務兼理巡撫。」〔註452〕知秦紘之官職為右都御史總督兩廣軍務兼理巡撫，故有「巡撫都御史」之稱也。

（七二）（弘治）十二年，溥為子猇所弒，猇亦自殺〔註453〕。

舊識，四庫館臣：「猇亦自殺。按《明史紀事本末》，土目黃驥、李蠻發兵殺猇。此云猇亦自殺。與彼互異。」〔註454〕

今按，是也。又考，岑溥為子猇所弒事，在弘治九年。

本傳此句之取材，《明孝宗實錄》卷一四九弘治十二年四月甲午條：「初，廣西田州府土官知府岑溥為其子猇所弒，猇亦自殺。」〔註455〕云猇係自殺。此外云猇自殺者，尚有《土官底簿》於「田州府知府」下云：「弘治九年，庶長男岑猇謀殺父岑溥，砍傷庶弟岑獅。後岑猇懼罪。自刎身死。奏保岑溥嫡男岑猛，弘治十一年五月奉聖旨：『是。准他襲。欽此。』」〔註456〕

《明史紀事本末》：「溥二子：長猇，次即猛。弘治六年，猇以失愛弒溥。

〔註449〕《明史》卷三一八，清乾隆四年武英殿刻本，葉一八。參見《明史》，中華書局1974年，第8246頁。
〔註450〕《明史考證攟逸》，《續修四庫全書》第294冊，第421頁。
〔註451〕《明孝宗實錄》，第816頁。
〔註452〕《明孝宗實錄》，第541頁。
〔註453〕《明史》卷三一八，清乾隆四年武英殿刻本，葉一八。參見《明史》，中華書局1974年，第8246頁。
〔註454〕《明史考證攟逸》，《續修四庫全書》第294冊，第421頁。
〔註455〕《明孝宗實錄》，第2620頁。
〔註456〕《土官底簿》，《景印文淵閣四庫全書》第599冊，第388頁。

土目黃驥、李蠻發兵殺猺。」〔註457〕《行邊紀聞》:「溥二子，長猺、次猛。弘治六年九月，猺以失愛，弒溥江中。土目黃驥、李蠻發兵誅猺。」〔註458〕或為《明史紀事本末》之所本。云黃驥、李蠻殺猺。《國朝列卿紀》卷一〇七:「弘治癸丑（六年），田州府知府岑溥為子猺所弒。府目黃驥誅猺，恃力與府目李蠻爭權構兵，因侍溥母岑氏及溥季子猛赴三府懇，以猛襲溥官，遣官送還府。」〔註459〕云黃驥殺猺。《（嘉靖）廣西通志》卷五六記此事甚詳，曰:「（弘治）六年秋九月，田州府土官岑溥長子猺弒溥于江中，州目黃驥等攻猺殺之。初，溥生子三，長猺、次獅、季猛。溥以猛似已且毋有寵，遂屬意於猛。猺竟失愛。是月，□府遣官至田州，徵土兵從征。溥以望日率諸目兵登戰艦，操於江中。是夜遂止宿焉。諸部戰艦凡百艘圓護。猺密遣其僕梁橋，持刃引黨數人乘小舟，偽為巡運。溥方熟寐，梁橋低聲謂侍婢云:『汝諸人欲得丈夫否？』諸婢莫知所以，微笑詰□。橋云:『小主人命我行事，汝若禁聲，他日當配以美丈夫，同享富貴。否則殺之。』諸婢股慄，莫敢呼嗷。橋遂登艦，弒溥於帳中。詰旦，溥母岑氏執諸婢考訊，始語其故。岑氏令驥等以兵縛猺，與橋並殺之，盡誅其黨。」〔註460〕云黃驥等殺猺。是言岑猺係他殺者。

又識，據上所引材料，岑溥為子猺所弒事，在弘治六年。《土官底簿》繫在弘治九年。《明孝宗實錄》卷一一六弘治九年八月壬寅條:「總督兩廣右都御史鄧廷瓚等言……田州土官知府岑溥方以罪革職，比來隨征有功，乞復其冠帶。有警，令領土兵萬五千人赴梧州聽調……議上。從之。」〔註461〕黃明光據以定六年說有誤，弘治九年說是〔註462〕。

（七三）接兵二萬先入田州，殺掠男女八百餘人，驅之溺水死者無算，括府庫，放兵大掠，城郭為墟。潛兵二萬攻舊田州，據之，殺掠男女五千三百餘人，蠻逃去〔註463〕。

〔註457〕 《明史紀事本末》，第801頁。
〔註458〕 《行邊紀聞》，《中華文史叢書》之二三，第411頁。
〔註459〕 《國朝列卿紀》，《四庫全書存目叢書》史部第94冊，第332頁。
〔註460〕 《（嘉靖）廣西通志》卷五六，葉八。
〔註461〕 《明孝宗實錄》，第2105頁。
〔註462〕 黃明光:《明史廣西土司傳續考》，《中央民族學院學報》1989年第4期，第34頁。
〔註463〕 《明史》卷三一八，清乾隆四年武英殿刻本，葉一九。參見《明史》，中華書局1974年，第8247頁。

今考，岑接殺掠之數及危害有誤。辨證如下：

本傳此句之取材，《明孝宗實錄》卷一四九弘治十二年四月甲午條：「接兵二萬人，先入田州府，殺掠男女萬四百餘人，劫燒倉庫民廬，劫府學及橫山驛印記，遂據歸仁。祖鉉兵五千，據兼州，殺掠男女八百餘人，驅之溺水，死者無算。括府庫，放兵大掠，城郭為墟。濬兵二萬攻舊田州，遂據之，殺掠男女五千餘人。劫龍州印，納故知州趙源妻岑氏。蠻逃去。」〔註464〕對比文字，可知本傳略去祖鉉，且將祖鉉事與岑接相混。檢《校勘記》：「男女，抱本脫女以上三十八字。」〔註465〕是抱本《明孝宗實錄》脫「女萬四百餘人，劫燒倉庫民廬，劫府學及橫山驛印記，遂據歸仁。祖鉉兵五千，據兼州，殺掠男」三十八字。本傳編纂所據之《實錄》鈔本當與抱本同，脫此三十八字，故成此誤。

（七四）驥懼罪，匿濬家，有司請治濬罪〔註466〕。

今考，「匿濬家」，《明孝宗實錄》原作「匿猛家」。材料如下：

《明孝宗實錄》卷一四九弘治十二年四月甲午條：「驥懼罪，匿猛家。先是，濬築石城於丹良莊，屯兵千餘人，截江道，以括商利。官命燬之，濬以兵拒不從。會副總兵等自田州還，即督所統官軍毀其城。濬兵來救，殺官軍二十餘人。官軍敗之，俘其目兵九人。總鎮等官及巡按御史合奏，請治濬等罪。」〔註467〕作「匿猛家」。而《明史稿》便已作「匿濬家」〔註468〕。不識是有意改訂，抑無意訛誤耶。

（七五）嘉靖二年，猛率兵攻泗城，拔六寨，遂克州治。岑接告急於軍門，言猛無故興兵攻寨。猛言接非岑氏後，據其祖業，欲得所侵地。時方有上思州之役，徵兵皆不至，總督張嶺以狀聞〔註469〕。

今考，岑猛攻泗城，殺岑接，總督以狀聞，當嘉靖元年之事，兵部議論

〔註464〕《明孝宗實錄》，第 2621 頁。

〔註465〕《明孝宗實錄校勘記》，第 418 頁。

〔註466〕《明史》卷三一八，清乾隆四年武英殿刻本，葉一九。參見《明史》，中華書局 1974 年，第 8247 頁。

〔註467〕《明孝宗實錄》，第 2622 頁。

〔註468〕《明史稿》第七冊，第 195 頁。

〔註469〕《明史》卷三一八，清乾隆四年武英殿刻本，葉二〇。參見《明史》，中華書局 1974 年，第 8248 頁。

及詔下勘處，當嘉靖二年之事。辨證如下：

本傳此段之敘述，又見於《明史・泗城傳》：「嘉靖二年，田州岑猛率兵攻泗城，拔六寨，進薄州城，克之。接告急軍門，言猛無故攻寨。猛言接非岑氏後，據其祖業，欲得所侵地。詔下勘處。」〔註470〕《明史・泗城傳》又記程縣云：「嘉靖二年，接為諸土官攻殺，督府遣官按問，得縣印，貯於官，後僅存荒土。」〔註471〕將岑猛攻泗城，殺岑接，總督以狀聞，詔下勘處，繫於嘉靖二年。

以上敘述取材，源出《明世宗實錄》卷二五嘉靖二年四月甲午條：「初，田州府土官岑猛率兵攻泗城州，土舍岑接拔其六寨，進薄州城，克之。接告急軍門，言猛無故興兵攻寨。猛亦言接非岑氏後，據其祖業，欲得所侵地。時方以上思州之役，徵其兵皆不至，總督右都御史張嵿以狀聞。兵部言，夷情叵測，若連兵不解，釀成大患，則滋蔓難圖，請下總督及鎮巡官勘奏，別俟議擬。詔如議行。」〔註472〕上思州之役指上思州黃鏐之亂。據《明世宗實錄》卷一七嘉靖元年八月戊子條：「廣西上思州，舊為土官治所，中更設流官，故土人常為亂。夷目黃鏐等聚眾攻州，欲奪其印。都御史林廷選捕鏐下潯州府獄。已而越獄，復率眾攻州。官軍禦之，乃詐降。副總兵張祐不為備。四月，鏐復攻破州城，守臣走。都御史張嵿等以狀聞，并陳督兵會勦之策。兵部覆議，報可。仍命巡按御史查先年致鏐縱脫者逮問治罪。」〔註473〕《明世宗實錄》卷二〇嘉靖元年十一月辛亥條：「廣西思明賊黃鏐等伏誅，督鎮巡官以捷聞。上命賞張嵿及鎮守太監韓慶、總兵朱麒、巡按御史張鈇銀幣有差。」〔註474〕則上思州之役發生於嘉靖元年。又，《明史・地理志》：「程縣，洪武二十一年以泗城州之程丑莊置，屬州，專屬慶遠府。宣德初，還屬州。嘉靖元年廢。」〔註475〕以程縣之廢在嘉靖元年。《（嘉靖）廣西通志》卷五二於程縣下云：「嘉靖元年，岑接為諸州土官攻州所殺，督府遣官按問已，徵縣印，貯於

〔註470〕《明史》卷三一八，清乾隆四年武英殿刻本，葉四。參見《明史》，中華書局1974年，第8260頁。

〔註471〕《明史》卷三一八，清乾隆四年武英殿刻本，葉五。參見《明史》，中華書局1974年，第8261頁。

〔註472〕《明世宗實錄》，第726頁。

〔註473〕《明世宗實錄》，第523頁。

〔註474〕《明世宗實錄》，第579頁。

〔註475〕《明史》卷四五，清乾隆四年武英殿刻本，葉三〇。參見《明史》，中華書局1974年，第1165頁。

公帑，以俟處分。」〔註476〕黃明光據以上材料，認為岑猛攻泗城，殺岑接，程縣荒廢，皆當在嘉靖元年〔註477〕。

細繹上所引《明世宗實錄》卷二五嘉靖二年四月甲午條：「初，田州府土官岑猛率兵攻泗城州……詔如議行。」〔註478〕岑猛攻泗城，殺岑接，總督以狀聞，當嘉靖元年之事，兵部議論及詔下勘處，當嘉靖二年之事。

然則《（嘉靖）廣西通志》卷五六，則記岑猛攻泗城，殺岑接，為正德十六年事〔註479〕，恐誤。

（七六）於是部趣鎮剋期進，鎮偕總兵官朱麟發兵八萬，以都指揮沈希儀、張經等統之，分道並入〔註480〕。

舊考，中華書局：「鎮偕總兵官朱麒發兵八萬。朱麒，原作『朱麟』，據本書卷二〇〇《姚鏌傳》、《世宗實錄》卷五一嘉靖四年五月甲戌條、《行邊紀聞》改。」〔註481〕

今按，是也。又考，發兵八萬，《明實錄》作「調集土漢兵十萬餘及永順、保靖二宣慰司兵」。材料如下：

本傳此句，取材《行邊紀聞》：「嘉靖五年四月鎮偕總兵官朱麒等，發兵八萬，以都指揮沈希儀、張經、李璋等五將軍統之，分道並進。」〔註482〕原作「朱麒」。《明世宗實錄》卷七二嘉靖六年正月癸巳條：「平論平岑猛功。陞提督兩廣右都御史姚鏌為左都御史，加太子少保，廕子一人。鎮守兩廣太監鄭潤，歲祿十二石，廕弟侄一人。總兵官撫寧侯朱麒，加太子太保，廕子一人。俱錦衣衛百戶。廣西巡按御史劉穎，陞俸一級。廣西鎮守太監傅倫、副總兵王偉及諸有功先後撫按三司官，俱賚金幣有差。」〔註483〕涉及此事，亦作「朱麒」。《明史·姚鏌傳》：「而鏌與總兵官朱麒等攻破定羅、丹梁。」〔註484〕

〔註476〕《（嘉靖）廣西通志》卷五二，葉一〇。
〔註477〕黃明光：《明史廣西土司傳續考》，《中央民族學院學報》1989 年第 4 期，第 35 頁。
〔註478〕《明世宗實錄》，第 726 頁。
〔註479〕《（嘉靖）廣西通志》卷五六，葉一八。
〔註480〕《明史》卷三一八，清乾隆四年武英殿刻本，葉二〇。參見《明史》，中華書局 1974 年，第 8248 頁。
〔註481〕《明史》，中華書局 1974 年，第 8256 頁。
〔註482〕《行邊紀聞》，《中華文史叢書》之二三，第 414 頁。
〔註483〕《明世宗實錄》，第 1631 頁。
〔註484〕《明史》，中華書局 1974 年，第 5278 頁。

作「朱麒」。《（嘉靖）廣西通志》於《秩官表》之「總兵」下云：「朱麒，字文祥，夏邑人。撫寧侯。正德十二年至，嘉靖六年回京。」〔註485〕是本傳此句之「朱麟」為「朱麒」之訛無疑。

而《王陽明全集・奏報田州思恩平復疏》：「十二月內，續准兵部咨，為地方大計緊急用人事，該禮部右侍郎方獻夫奏，節奉聖旨：『方獻夫所奏關係地方大計，鄭潤、朱麟與姚鏌事同一體，姚鏌已着致仕，鄭潤等因賊情未寧，暫且留用。今既這等說，鄭潤取回，代替的朕自簡用。朱麟應否去留，着兵部會議并堪任更代的，推舉相應官兩員來看。田州應否設都御史在彼住劄，還着王守仁議處，具奏定奪，欽此。』備咨前來知會，俱經欽遵外，本月初五日進至平南縣地方，與都御史姚鏌交代。二十二等日，太監鄭潤、總兵官朱麟陸續各回梧州、廣州等處，聽候新任。」〔註486〕作「朱麟」者，當流傳訛誤。

又，發兵八萬，本《行邊紀聞》。《明世宗實錄》卷七二嘉靖六年正月己卯條：「總督兩廣御史姚鏌調集土漢兵十萬餘及永順、保靖二宣慰司兵，分五哨攻田州。」〔註487〕作「調集土漢兵十萬餘及永順、保靖二宣慰司兵」，與此不同。黃彰健曾論及之〔註488〕。

（七七）鏌不聽，督兵益急，沈希儀斬猛長子邦彥於工堯隧〔註489〕。

舊考，四庫館臣：「沈希儀斬猛長子邦彥於工堯隧。『隧』改『隘』。按工堯隘在田州東一百二十里，為州險隘。見《一統志》及《唐荊川集》。此作『隧』誤。」

今按，是也。材料如下：

本傳此句，取材《行邊紀聞》：「鏌不聽，督兵益急。猛長子邦彥守工堯隘，沈希儀擊斬之。」〔註490〕作「工堯隘」。《明世宗實錄》卷七二嘉靖六年正月己卯條：「總督兩廣御史姚鏌調集土漢兵十萬餘及永順、保靖二宣慰

〔註485〕《（嘉靖）廣西通志》卷六，葉四。
〔註486〕《王陽明全集》，第 522 頁。
〔註487〕《明世宗實錄》，第 1627 頁。
〔註488〕《廣西土司傳考證：明史纂誤三續》，《中國歷史研究》第 2 輯，第 75 頁。
〔註489〕《明史》卷三一八，清乾隆四年武英殿刻本，葉二〇。參見《明史》，中華書局 1974 年，第 8248 頁。
〔註490〕《行邊紀聞》，《中華文史叢書》之二三，第 415 頁。工堯隘，原作「正堯隘」。據《炎徼紀聞校注》改。參見〔明〕田汝成撰，歐薇薇校注：《炎徼紀聞校注》，廣西人民出版社 2007 年，第 5 頁。

司兵，分五哨攻田州。首破工堯隘，殺岑猛子邦彥。猛懼，棄田州走，都指揮沈希儀說歸順州土舍岑璋誘斬之。璋，猛婦翁也。鎮以捷聞，併上諸文武官功狀。詔賜敕獎鎮，令兵部速議功次以聞。」〔註491〕涉及此事，亦作「工堯隘」。《明史·歸順州傳》：「時猛子邦彥守工堯隘。」〔註492〕作「工堯隘」。檢《讀史方輿紀要》卷一一一於「田州」下云：「工堯隘，在州東南。亦曰共堯村，州之險塞也。嘉靖初，官兵討岑猛，猛以勁兵屯工堯隘，別將沈希儀擊之，去工堯五里而營，夜分三百人，緣山而右走間道，三百人緣江而左繞出工堯山背，黎明接戰，間道兵登山樹我旗幟，賊驚潰，遂入田州。」〔註493〕有工堯隘。《重刊荊川先生文集》卷一二《敘廣右戰功》，為唐荊川為沈希儀敘，曰：「於是督府進兵，分五哨入，猛勁兵盡在工堯。諸將死讓，無敢當者，公自請將中哨當工堯，去工堯五里而軍。進攻隘，隘堅，復退營五里。」〔註494〕亦稱「工堯」為隘。是本傳此句之「工堯隧」為「工堯隘」之訛明矣。

（七八）鎮留參議汪必東、僉事申惠、參將張經以兵萬人鎮其地，知府王熊兆署府事〔註495〕。

今考，「知府」為「知州」之訛。材料如下：

本傳此句之取材，《明世宗實錄》卷七四嘉靖六年三月乙未條：「初，岑猛既誅，都御史姚鎮已奏將田州府改設流官，而留參議汪必東、僉事申惠、參將張經以兵萬人鎮其地，知州王熊兆署府事……」〔註496〕原作「知州」。《校勘記》無相關條目〔註497〕，是《明實錄》作「知州」無疑。《明史稿》即已訛作「知府」〔註498〕。

《國朝列卿紀》卷一〇七：「至是，盧蘇招受等同叛，參將張經、參議汪必東、僉事申惠聞變，不戮力抗禦，委城而遁。蘇遂入田州，執我署印知州王

〔註491〕《明世宗實錄》，第1627頁。

〔註492〕《明史》，中華書局1974年，第8267頁。

〔註493〕《讀史方輿紀要》，第4976頁。

〔註494〕〔明〕唐順之：《重刊荊川先生文集》卷一二，《四部叢刊初編》第1588冊影上海涵芬樓藏明萬曆刻本，葉四五。

〔註495〕《明史》卷三一八，清乾隆四年武英殿刻本，葉二〇。參見《明史》，中華書局1974年，第8249頁。

〔註496〕《明世宗實錄》，第1665頁。

〔註497〕參見《明世宗實錄校勘記》，第507頁。

〔註498〕《明史稿》第七冊，第196頁。

熊兆而受襲,據思恩。」〔註499〕作「知州」。又檢《(嘉靖)南寧府志》卷六
《秩官志》敘上思州知州云:「王熊兆,□□人,舉人,(加)〔嘉〕靖四年任。
陳世瞻,峽江人,監生,十三年任。」〔註500〕《(嘉靖)南寧府志》卷一一:
「(嘉靖)九年,黃本、黃逵、黃術偕頭目陸寶作亂,知州王熊兆率兵撲擒
之。十年,逵、術、寶後先就擒。」〔註501〕則王熊兆是時為上思州知州。蓋
王熊兆以上思州知州從征有功,故得署田州府事。本傳此句「知府」為「知
州」之訛。黃明光曾論及之〔註502〕。

> (七九)守仁威名素重,及督軍務,調兵數萬人至,諸蠻心懾。
> 守仁至南寧,道中見受等勢盛,度亦未可卒滅,上疏極陳
> 用兵利害。兵部議以守仁所見未確,復陳五事,令守仁詳
> 計其宜,於是守仁又疏云:「臣奉命於去年十二月至廣西平
> 南縣……即古舞干之化,奚以加焉。」疏聞,帝嘉之,遣行
> 人齎敕獎賚。於是守仁復疏言:「思田久搆禍,荼毒兩省……
> 非計之得也。今岑氏世効邊功……以總其權。」〔註503〕

今識,此段結構甚混亂,試說明之。說明如下:

守仁上疏極陳用兵利害,兵部復陳五事,令守仁詳計其宜者,取材《明
世宗實錄》卷八六嘉靖七年三月乙未條〔註504〕。該條節錄守仁《赴任謝恩遂
陳膚見疏》〔註505〕,該疏在《王陽明全集》下注:「(嘉靖)六年十二月初一
日。」〔註506〕

守仁又疏之「臣奉命於去年十二月至廣西平南縣……即古舞干之化,奚
以加焉」,節錄自《明世宗實錄》卷八八嘉靖七年五月壬午條〔註507〕。而該
條之疏文節錄自守仁《奏報田州思恩平復疏》〔註508〕,該疏在《王陽明全集》

〔註499〕 《國朝列卿紀》,《四庫全書存目叢書》史部第94冊,第338頁。
〔註500〕 〔明〕方瑜纂修:《(嘉靖)南寧府志》卷六,明嘉靖四十三年刻本,葉一七。
〔註501〕 《(嘉靖)南寧府志》卷一一,葉一八。
〔註502〕 黃明光:《明史廣西土司傳續考》,《中央民族學院學報》,1989年第4期,
第37頁。
〔註503〕 《明史》卷三一八,清乾隆四年武英殿刻本,葉二二。參見《明史》,中華
書局1974年,第8250頁。
〔註504〕 《明世宗實錄》,第1954~1959頁。
〔註505〕 參見《王陽明全集》,第513~518頁。
〔註506〕 《王陽明全集》,第513頁。
〔註507〕 《明世宗實錄》,第1992~1998頁。
〔註508〕 參見《王陽明全集》,第519~529頁。

下注：「（嘉靖）七年二月十三日。」〔註509〕

　　齎敕獎賚後守仁復疏之「思、田久構禍，荼毒兩省……非計之得也。今岑氏世効邊功……以總其權」，為刪潤自《行邊紀聞・岑猛》之王守仁疏文〔註510〕。而《行邊紀聞》所載守仁之疏，自「思、田構禍，荼毒兩省」至「非計之得也」，係刪採自守仁《奏報田州思恩平復疏》〔註511〕，自「今岑氏世効邊功」至「以總其權」，係刪採自守仁《處置平復地方以圖久安疏》。

　　故本傳此句，守仁又疏之「臣奉命於去年十二月至廣西平南縣……即古舞干之化，奚以加焉」與齎敕獎賚後守仁復疏之「思、田久構禍，荼毒兩省……非計之得也」，實同出於守仁《奏報田州思恩平復疏》〔註512〕，但因一採《實錄》，一採《紀聞》，故有重複現象。而黃彰健謂其皆「據田汝成《炎徼紀聞》潤色，遂因襲其誤」〔註513〕，黃雲眉謂其「蓋皆史臣妄為分割，以就行文之便，前代史書中，往往而有，讀者審之」〔註514〕，皆未中肯綮也。

（八〇）臣隨至其營，撫定其眾七萬餘人，復委布政使林富等安插，於二月二十六日悉命歸業〔註515〕。

　　今考，「二月二十六日」誤，當作「二月初八日」。辨證如下：

　　本傳此句之取材，《明世宗實錄》卷八八嘉靖七年五月壬午條：「臣隨至其營，撫定其眾七萬餘人，復委右布政林富等安插於二月二十六日，悉令歸業。」〔註516〕此條所引疏文節錄自守仁《奏報田州思恩平復疏》〔註517〕，該疏在《王陽明全集》下注：「（嘉靖）七年二月十三日。」〔註518〕二月十三日之疏，不得云嘉靖二月二十六日所發生之事，若非《全集》之注有誤，則《實錄》之「二十六日」不確。

　　檢《奏報田州思恩平復疏》之文，曰：「蘇、受等得牌，皆羅拜踴躍，

〔註509〕《王陽明全集》，第519頁。

〔註510〕《行邊紀聞》，《中華文史叢書》之二三，第419、420頁。

〔註511〕參見《王陽明全集》，第519～529頁。

〔註512〕參見《王陽明全集》，第519～529頁。

〔註513〕《廣西土司傳考證：明史纂誤三續》，《中國歷史研究》第2輯，第75頁。

〔註514〕《明史考證》，第2514頁。

〔註515〕《明史》卷三一八，清乾隆四年武英殿刻本，葉二三。參見《明史》，中華書局1974年，第8251頁。

〔註516〕《明世宗實錄》，第1996頁。

〔註517〕參見《王陽明全集》，第519～529頁。

〔註518〕《王陽明全集》，第519頁。

歡聲雷動。當即撤守備，具衣糧，盡率其眾掃境來歸，本月（嘉靖七年正月）二十六日，俱至南寧府城下，分屯為四營。明日，蘇受等皆囚首自縛，各與其頭目數百人赴軍門投見。號哀控訴，各具投狀，告稱前情，乞免一死，願得竭力報効……臣於是遂委右布政林富，舊任總兵官張祐分投省諭，安插其眾，俱於二月初八日督令各歸復業去訖。地方之事幸遂平定。」〔註 519〕蓋《實錄》採取疏文時，惑於二十六日，又誤以為二月，遂有「二月二十六日」之說。然則其誤明矣。故知本傳此句之「二月二十六日」誤，當作「二月初八日」。

（八一）設土巡檢諸司，即以盧蘇、王受等九人為之，以殺其勢〔註 520〕。

今考，此「九人」為「十九人」之訛，王受不應列於其內。辨證如下：

《明世宗實錄》卷八九嘉靖七年六月丙午條：「提督兩廣尚書新建伯王守仁以思田既平，議處經略事宜：一，議特設流官知府，以制土官之勢，請改田州為田寧府……一，議分設土官巡檢，以散各夷之黨。謂田寧府地，除割八甲立州外，餘四十甲請分設十九巡檢司，每司立土巡檢一員，而以土目之能服眾如盧蘇、王受等十九人為之。其辦納丘粮與連屬制御之道，悉隸之流官知府。而其官職地土令得傳之子孫，庶人知自愛而不輕犯法。其思恩府各目甲，亦宜倣此建置。」〔註 521〕云於田寧府開設土巡檢司十九，以盧蘇、王受等十九人為土巡檢。《明史》卷一九五《王守仁傳》：「而於田州置十九巡檢司，以蘇、受等任之，並受約束於流官知府。」〔註 522〕蓋取材自《明世宗實錄》。《明史・地理志》於「田州」下云：「東有床甲、拱甲、婪鳳，西有武隆、累彩，北有岜馬甲、篆甲，東北有下隆，東南有砦桑，西北有凌時，西南有萬岡陽院，又有大甲、子甲，又有縣甲、怕河、怕牙、思郎、思幼、候周十九土巡檢司。」〔註 523〕亦云十九，且列巡檢司之名稱。《土官底簿》：「嘉靖七年添設三十員」〔註 524〕，中有田州土巡檢十九，思恩土巡檢九。

〔註 519〕 《王陽明全集》，第 528、529 頁。
〔註 520〕 《明史》卷三一八，清乾隆四年武英殿刻本，葉二四。參見《明史》，中華書局 1974 年，第 8252 頁。
〔註 521〕 《明世宗實錄》，第 2017 頁。
〔註 522〕 《明史》，中華書局 1974 年，第 5167 頁。
〔註 523〕 《明史》，中華書局 1974 年，第 1164 頁。
〔註 524〕 《土官底簿》，《景印文淵閣四庫全書》第 599 冊，第 406 頁。

而《王陽明全集・處置平復地方以圖久安疏》：「田州各甲，今擬分設為九土巡檢司；其思恩各城頭今擬分設為九土巡檢司；各立土目之素為眾所信服者管之。」〔註525〕云於田寧府分設九土巡檢司。然其開列具體名稱、甲數、巡檢名姓〔註526〕，卻列田州十八巡檢，思恩九巡檢。知王受為思恩府下之白山土巡檢，不當如本傳此句計入田州土巡檢下。至於該疏一云「九」，一列十八，黃彰健據該疏所列甲數，計算此十八巡檢之總甲數為三十九甲半，不足四十甲之數，而此十八甲比《明史・地理志》十九甲少「怕牙」，便疑此半甲之數即怕牙土巡檢司之甲數，由此推測該疏流傳訛誤，前所云「九」為「十九」之訛，後所列十八巡檢，脫怕牙一巡檢〔註527〕。其說有理，可參看。

> （八二）（嘉靖）八年，守仁於思、田既議設流官，又議移南丹衛於八寨，改思恩府城於荒田，改設鳳化縣治於三里，添設流官縣於思龍，增築五鎮城堡於五屯。及侍郎林富繼之，又言：「田州界……南寧為便。」其議與守仁頗有異同，詔從富言〔註528〕。

今識，守仁之兩次議論，皆在嘉靖七年。此係追記前事，為防誤讀，謹附識之。辨證如下：

本傳此句，取材《明世宗實錄》卷一〇六嘉靖八年十月丙子條，而又據原疏文有所修改焉。《明世宗實錄》卷一〇六嘉靖八年十月丙子條：「先是，廣西思田既平，新建伯王守仁議設流官知府以制之，及平八寨，又議移南丹衛於八寨，改思恩府城於荒田，改設鳳化縣治於三里，添設流官縣治於思龍，增築守鎮城堡於五屯。及侍郎林富繼之，又言：『田州界……南寧為便。』其議與守仁稍有異同。事下兵部，言周安堡守備戍兵，不必設岑邦相，止授判官署州事，俟其勞著而後授之，餘悉如富言。詔可。」〔註529〕知本傳「守仁於思」至「於五屯」句，係追記前事，未必在嘉靖八年。

據黃綰《陽明先生行狀》：「（嘉靖七年十一月）廿九日至南康縣，將屬纊，

〔註525〕《王陽明全集》，第542頁。
〔註526〕《王陽明全集》，第542～544頁。
〔註527〕《廣西土司傳考證：明史纂誤三續》，《中國歷史研究》第2輯，第76頁。
〔註528〕《明史》卷三一八，清乾隆四年武英殿刻本，葉二四。參見《明史》，中華書局1974年，第8252頁。
〔註529〕《明世宗實錄》，第2509～2512頁。

家童問何所囑。公曰:『他無所念,平生學問方纔見得數分,未能與吾黨共成之,為可恨耳!』遂逝。」〔註530〕《年譜》:「(嘉靖七年)十一月丁卯,先生卒于南安。」〔註531〕可知守仁卒於嘉靖七年十一月。故本傳「守仁於思」至「於五屯」句,不在嘉靖八年,在嘉靖七年十一月前可知也。

　　守仁於思、田議設流官,見《王陽明全集‧處置平復地方以圖久安疏》〔註532〕。小注云:「(嘉靖)七年四月初六日。」是該議在嘉靖七年四月。又議移南丹衛於八寨,改思恩府城於荒田,改設鳳化縣治於三里,添設流官縣於思龍,增築五(「五」當作「守」)鎮城堡於五屯。此五事之議,在《王陽明全集‧處置八寨斷藤峽以圖永安疏》〔註533〕。注云:「嘉靖七年七月十二日」。是該疏之上在嘉靖七年七月。是以,守仁之兩次議論在嘉靖七年可知也。本傳此處係追記前事,故置於八年之下,易誤導讀者,謹附識。

(八三)增築五鎮城堡於五屯〔註534〕。

　　今考,「五鎮」,當作「守鎮」。辨證如下:

　　守仁之疏文,即《處置八寨斷藤峽以圖永安疏》,見載於《王陽明全集》,曰:「一,增築守鎮城堡於五屯……惟五屯正當風門、佛子諸巢穴,而西通府江,北接荔浦各處瑤賊,最為緊要之區,宜設一鎮,以控御遠邇。」〔註535〕知疏文原作「守鎮」,且所設為一鎮。《(嘉靖)廣西通志》卷五六「(嘉靖七年)秋七月,王守仁議上思恩八寨等處事宜」下節錄守仁上疏:「一,增築守鎮城堡於五屯。」〔註536〕又同卷「(嘉靖)八年秋七月,提督都御史林富議上思田等處事宜」下節錄林富上疏,其中論及守仁舊議曰:「一,增築守鎮城堡於五屯。」〔註537〕皆作「守鎮」。職是之故,本傳此句之「五鎮」誤,當作「守鎮」。黃彰健曾論及之〔註538〕。

〔註530〕〔明〕黃綰:《陽明先生行狀》,〔明〕王守仁:《王陽明全集》,第1579頁。
〔註531〕《年譜》,〔明〕王守仁:《王陽明全集》,第1463頁。
〔註532〕《王陽明全集》,第532～546頁。
〔註533〕《王陽明全集》,第567～576頁。
〔註534〕《明史》卷三一八,清乾隆四年武英殿刻本,葉二四。參見《明史》,中華書局1974年,第8252頁。
〔註535〕《王陽明全集》,第574、575頁。
〔註536〕《(嘉靖)廣西通志》卷五六,葉三〇。
〔註537〕《(嘉靖)廣西通志》卷五六,葉三六。
〔註538〕《廣西土司傳考證:明史纂誤三續》,《中國歷史研究》第2輯,第77頁。

（八四）然不宜屬田州，而仍屬南寧為便〔註539〕。

今考，此從移南丹衛於三里之事後，是表達使南丹衛屬南寧之意。誤矣。本傳此句，實指思龍縣而言。辨證如下：

本傳此句之取材，《明世宗實錄》卷一〇六嘉靖八年十月丙子條：「思龍必須建立縣治於那久地方者，非獨可以便小民糧差賦役，亦足以鎮據要害，消沮盜賊也。然不宜屬於田州，而仍屬南寧為便。」〔註540〕此林富上疏之全文，見載於《（嘉靖）廣西通志》卷五六「（嘉靖）八年秋七月，提督都御史林富議上思田等處事宜」下，曰：「一，添設流官縣治於思龍。臣等查勘得，思龍等地方，係是南寧府宣化縣屬鄉，但相去隔遠⋯⋯今若設立縣治，選置長吏，為之承流宣化，以和輯民人，變化風俗，聯屬向武諸州，招來那茄馬□諸寨，民情土俗，最為相宜。但該鄉久屬南寧，一旦割歸田州，非但慕虛名而無實效，其實棄黔首以業左袵。況夷夏詳略異勢，好惡殊俗，目甲、里甲異治，以中國之民屬之，上官衙門未免陵轢蹂躪。額外剝削，生人之受害不足言，而地方之事，從此壞矣。故知府蔣山鄉，以為割肉補瘡，思龍之民何罪。彼蓋因所守□地，察知人情，不得不言也。臣等訪之故老，參之僚□，□謂思龍事情，必須建設縣治，欲設縣治，必□那久地方。蓋其地勢廣平深原，江水縈廻，竹木自□，□里四通。若縣治一立，真足以鎮據要害，消沮盜賊。但不以歸諸田州，而照舊屬之南寧，則遐荒小民與官府日相親近，知朝廷所以軫念不遐遺之意，自然感恩從化，無復向者之魚散鼠匿。戶口日增而藩屏日固矣。」〔註541〕知本傳「不宜屬田州，而仍屬南寧」句，實指思龍縣而言。本傳將此句置於移南丹衛於三里之事後，是表達使南丹衛屬南寧之意，誤矣。

（八五）其後邦相惡蘇專擅，密與頭目盧玉等謀誅蘇及芝。蘇知之，會邦相又侵削二氏原食莊田，二氏遂與蘇合謀，以芝奔梧州，赴軍門告襲，蘇又為芝疏請。尋令人刺邦相，邦相覺，殺行刺者。而蘇遂伏兵殺盧玉等，以兵圍邦相宅，誘邦相出，乘夜與瓦氏縊殺之〔註542〕。

〔註539〕《明史》卷三一八，清乾隆四年武英殿刻本，葉二四。參見《明史》，中華書局1974年，第8252頁。

〔註540〕《明世宗實錄》，第2512頁。

〔註541〕《（嘉靖）廣西通志》卷五六，葉三五、三六。

〔註542〕《明史》卷三一八，清乾隆四年武英殿刻本，葉二五。參見《明史》，中華書局1974年，第8253頁。

今考，「盧玉」，當作「羅玉」。辨證如下：

本傳此句之取材，《明世宗實錄》卷一九六嘉靖十六年正月乙巳條：「初，田州盧蘇亂後，朝廷因立岑猛庶子邦相撫定之……其後邦相惡蘇專權行事，密與頭目羅玉等謀誅蘇及芝。蘇知之，會邦相又侵削二氏原食莊田，二氏遂與蘇合謀，以芝奔避梧州，就軍門告襲。蘇又為芝疏請。尋令人刺邦相，邦相覺，殺行刺者，而蘇遂伏兵殺羅玉等，乘勢伏兵圍邦相宅，計誘邦相出而縛之。是夜，蘇及瓦氏以弓弦勒邦相死。」〔註543〕原作「羅玉」。《行邊紀聞》：「（嘉靖）十三年六月，盧蘇遣其黨黃對刺邦相弗克，邦相遂與土目羅玉、戴慶謀伐盧蘇……蘇因指羅玉、戴慶謂諸土目曰：『公等雖同心，如二豎何？』言訖而甲興，執玉、慶座中斬之。」〔註544〕《蠻司合誌》卷一三：「邦相召土目羅玉、戴慶謀代蘇……蘇乃指羅玉、戴慶曰：『如二豎何？』言訖，甲興，執玉、慶斬之。」〔註545〕《明史紀事本末》卷五三：「邦相與土目羅玉等伐盧蘇。事覺，蘇伏甲擒斬羅玉。」〔註546〕皆作「羅玉」。檢《王陽明全集·處置平復地方以圖久安疏》開列田州巡檢，中有：「一，田州怕何甲、速甲共二甲，擬為怕何土巡檢司，擬以土目羅玉管之。」〔註547〕《土官底簿》「嘉靖七年添設三十員」，中有「怕河巡檢羅玉。」〔註548〕是羅玉為怕河巡檢。職是之故，當以「羅玉」為是。本傳此句作「盧玉」者誤。黃彰健曾論及之〔註549〕。

（八六）巡按御史曾守約以聞，帝命守仁亟為勘處〔註550〕。

舊考，四庫館臣：「帝命守仁亟為勘處。『守仁亟為』改『總督陶諧』。按盧蘇作亂時，守仁已卒，時陶諧總督兩廣也。」〔註551〕中華書局：「帝命守臣亟為勘處。守臣，原作『守仁』，據《世宗實錄》卷一八二嘉靖十四年十二月丁未條改。」〔註552〕

〔註543〕 《明世宗實錄》，第4150、4151頁。
〔註544〕 《行邊紀聞》，《中華文史叢書》之二三，第423、424頁。
〔註545〕 《蠻司合誌》，《中國少數民族古籍集成（漢文版）》第二冊，第231頁。
〔註546〕 《明史紀事本末》，第806頁。
〔註547〕 《王陽明全集》，第543頁。
〔註548〕 《土官底簿》，《景印文淵閣四庫全書》第599冊，第406頁。
〔註549〕 《廣西土司傳考證：明史纂誤三續》，《中國歷史研究》第2輯，第77頁。
〔註550〕 《明史》卷三一八，清乾隆四年武英殿刻本，葉二五。參見《明史》，中華書局1974年，第8253頁。
〔註551〕 《明史考證攟逸》，《續修四庫全書》第294冊，第421頁。
〔註552〕 《明史》，中華書局1974年，第8256頁。

今按，是也。此與《明史·鎮安傳》「嘉靖十四年，田州盧蘇作亂，糾歸順州土官岑璫攻毀鎮安府，目兵遇害者以萬計。按臣曾守約以聞，帝命新建伯王守仁治之」所誤相同。語俱在彼條下。

（八七）土人莫葦冒岑姓，及土官岑施，相煽搆亂，提督郎檟奏令思恩守備張啟元暫駐田州鎮之，報可〔註553〕。

今考，「郎檟」為「應檟」之訛。辨證如下：

本傳此句之取材，《明世宗實錄》卷四〇四嘉靖三十二年十一月丁未條：「提督兩廣軍務侍郎應檟奏，廣西田州土官岑芝死，子太壽方四歲，偽孽莫葦冒岑姓，及土官岑施相煽搆亂，乞命思恩守備張啟元暫駐田州鎮之。報可。」〔註554〕原作「侍郎應檟」。檢《明世宗實錄》卷三七四嘉靖三十年六月乙亥條：「改總督漕運兵部左侍郎兼右僉都御史應檟提督兩廣軍務兼理巡撫。」〔註555〕又卷四〇四嘉靖三十二年十一月庚午條：「提督兩廣軍務兵部右侍郎兼都察院右僉都御史應檟卒，贈兵部尚書，賜祭葬如例。」〔註556〕《國朝列卿紀》卷一〇七《總督兩廣尚書侍郎都御史年表》：「應檟，浙江遂昌人。嘉靖丙戌進士。三十一年以兵部右侍郎兼僉都任，三十三年卒。」〔註557〕是應檟時為提督兩廣軍務侍郎無疑。故知《明史》取材《明實錄》時，誤將「侍郎應檟」看作「郎檟」，而使「應檟」之名訛矣。黃彰健曾論及之〔註558〕。

（八八）田州土官岑懋仁肆惡起釁，窺占上林，納叛人黃得隆等，糾眾破城，擅殺土官黃德勳，擄其妻女印信，乞正其罪〔註559〕。

舊考，中華書局：「納叛人黃德隆等。黃德隆，原作『黃得隆』，據本書卷二四二《陳邦瞻傳》、《光宗實錄》泰昌元年九月甲午條改。」〔註560〕

今按，是也。本傳此句之取材，《明熹宗實錄》卷一泰昌元年九月甲午條：

〔註553〕《明史》卷三一八，清乾隆四年武英殿刻本，葉二五。參見《明史》，中華書局1974年，第8253頁。
〔註554〕《明世宗實錄》，第7064頁。
〔註555〕《明世宗實錄》，第6671頁。
〔註556〕《明世宗實錄》，第7074頁。
〔註557〕《國朝列卿紀》，《四庫全書存目叢書》史部第94冊，第321頁。
〔註558〕《廣西土司傳考證：明史纂誤三續》，《中國歷史研究》第2輯，第77頁。
〔註559〕《明史》卷三一八，清乾隆四年武英殿刻本，葉二五。參見《明史》，中華書局1974年，第8253頁。
〔註560〕《明史》，中華書局1974年，第8256頁。

「兩廣總督許弘綱奏：『田州土官岑懋仁肆惡啟釁，窺占上林土縣，納叛黃德隆等，糾眾破城，擅殺土官黃德勳，擄其妻女印信，乞正其罪。』得旨：『岑懋仁，著速獻印信，執送各犯，聽按臣分別正法。如再抗違，便隨宜進剿，毋得姑息養亂，貽害地方。』」〔註561〕作「黃德隆」。《明史・陳邦瞻傳》：「上林土官黃德勳弟德隆及子祚胤叛德勳，投田州土酋岑懋仁。」〔註562〕亦作「黃德隆」。是以，當以「黃德隆」為是。

（八九）洪武二年，土官黃嵩歸附，授世襲知縣，流官典史佐之〔註563〕。

今考，《土官底簿》之記載與此不同。材料如下：

本傳此句，源出《（萬曆）廣西通志》：「洪武二年，土官黃嵩歸附，授世襲知縣，以流官典史佐之。」〔註564〕而《土官底簿》於「上林縣知縣」下云：「黃自誠，本縣世襲土官知縣。父黃京，前元病故。自誠年幼缺官，委令叔黃廓署事。後自誠習練老成，洪武十年實授襲職。二十八年患病，男黃嵩告替。三十二年准襲。」〔註565〕與此不同。《（嘉靖）廣西通志》無相關記載，不識《（萬曆）廣西通志》所本為何，而《土官底簿》記錄甚詳細，似當以《土官底簿》為是。

恩城

（九〇）巡撫秦竑請調兵剿之〔註566〕。

舊考，四庫館臣：「『巡撫秦竑請調兵』之『竑』改『紘』。按《本傳》作紘。」〔註567〕

今按，是也。《明孝宗實錄》卷三八弘治三年五月庚辰條：「巡撫都御史

〔註561〕《明熹宗實錄》，第 58 頁。
〔註562〕《明史》，中華書局 1974 年，第 6277 頁。德勳，原作「德勛」。懋仁，原作「茂仁」。據《校勘記》改。參見《明史》，中華書局 1974 年，第 6294 頁。
〔註563〕《明史》卷三一八，清乾隆四年武英殿刻本，葉二六。參見《明史》，中華書局 1974 年，第 8254 頁。
〔註564〕《（萬曆）廣西通志》，《明代方志選（六）》，第 625 頁。
〔註565〕《土官底簿》，《景印文淵閣四庫全書》第 599 冊，第 389 頁。
〔註566〕《明史》卷三一八，清乾隆四年武英殿刻本，葉二六。參見《明史》，中華書局 1974 年，第 8254 頁。
〔註567〕《明史考證攟逸》，《續修四庫全書》第 294 冊，第 421 頁。

秦紘等奏，請調貴州、湖廣官軍土兵，合兩廣漢達官軍剿之。」〔註568〕作「巡撫都御史秦紘」。《明史・秦紘傳》：「恩城知州岑欽攻逐田州知府岑溥，與泗城知州岑應分據其地。紘入田州逐走欽，還溥於府，留官軍戍之，亂遂定。」〔註569〕作「秦紘」。《明史・田州傳》：「巡撫秦紘請各貴州、湖廣及兩廣兵剿之。」〔註570〕亦作「秦紘」。是本傳此處當作「秦紘」無疑。

都康

（九一）（洪武）三十二年復置，隸布政司〔註571〕。

舊考，四庫館臣：「三十二年復置。按洪武止三十一年，其三十二年乃建文元年也。永樂時革除建文年號，故統稱洪武。今本紀既列建文年號，傳中不宜仍循明時紀載之文。」〔註572〕「三十二」，庫本作「建文元」〔註573〕。

今按，是也。《明史・地理志》云：「都康州，元屬田州路。洪武二年屬田州府，後為夷獠所據。建文元年復置，直隸布政司。」〔註574〕

〔註568〕《明孝宗實錄》，第816頁。
〔註569〕《明史》，中華書局1974年，第4744頁。
〔註570〕《明史》，中華書局1974年，第8246頁。
〔註571〕《明史》卷三一八，清乾隆四年武英殿刻本，葉二七。參見《明史》，中華書局1974年，第8255頁。
〔註572〕《明史考證攟逸》，《續修四庫全書》第294冊，第421頁。
〔註573〕《明史》，《景印文淵閣四庫全書》第302冊，第602頁。
〔註574〕《明史》，中華書局1974年，第1165頁。

《明史》卷三百十九
（列傳第二百七）考證

廣西土司三

泗城

（一）洪武五年，征南副將軍周德興克泗城州，土官岑善忠歸附，
授世襲知州〔註1〕。

今識，據《土官底簿》，岑善忠之歸附，授知州，未必在洪武五年。辨證
如下：

本傳此句「洪武五年」至「克泗城州」，取材《明太祖實錄》卷七六洪武
五年九月戊午條：「征南副將軍江夏侯周德興等討婪鳳、安田等州諸洞蠻，悉
平之，遂克泗城州。」〔註2〕「土官岑善忠」至「知州」則不知源出，蓋連帶
敘及之者。故岑善忠之歸附及授知州，未必在洪武五年。

《廣西名勝志》：「洪武初，土官岑善忠歸附，授世襲知州，以流官吏目
佐之。」〔註3〕其前之《（萬曆）廣西通志》同之〔註4〕。更早之《（嘉靖）廣
西通志》云：「土官知州岑姓，舊為谿峒蠻夷酋長。《家集》自謂漢征南將軍武
陰侯岑彭之後，無考。元有岑恕木罕者，嘗為泗城州官。其子善忠繼之。國

〔註1〕《明史》卷三一九，清乾隆四年武英殿刻本，葉一。參見《明史》，中華書局
　　　　1974年，第8257頁。
〔註2〕《明太祖實錄》，第1397頁。
〔註3〕《廣西名勝志》，《續修四庫全書》第735冊，第107頁。
〔註4〕《（萬曆）廣西通志》，《明代方志選（六）》，第627頁。

朝，善忠奉印納土，授泗城世襲知州。死，子振襲。」〔註5〕皆未言岑善忠歸附及授知州時間。

《土官底簿》於《泗城州知州》下云：「岑振，係本州土官知州岑善忠嫡長男。振祖父岑恕木罕，授宣命散官武略將軍來安路總管，父岑善忠襲授宣命武略將軍來安路總管。洪武初款附，給降印信，授來安府知府。五年，被宗叔岑堅揑詞排陷，大軍收捕，已沐恩宥。總兵官江夏侯將來安府與田州府知府岑堅兼守禦事，本府衙門不曾革併。七年，復附降印授泗城州知州職事。故，長男岑振襲。」〔註6〕以岑善忠歸附，授來安府知府，事在洪武五年之前。至洪武七年，授泗城州知州。按《明太祖實錄》卷四三洪武二年七月丁未條：「廣西右江田州府土官岑伯顏、來安府岑漢忠……各遣使奉表貢馬及方物。詔以伯顏為田州府知府，漢忠為來安府知府……皆許以世襲。」〔註7〕《明太祖實錄》卷四八洪武三年正月甲午條：「遣使以文綺、上尊往賜來安府知府岑漢忠，及其弟漢良，子子振。先是，漢忠、漢良自入雲南，招諭定遠諸郡縣十有六處，漢良因以兵守其土，遣人上聞，上故嘉勞之，仍詔漢忠以兵招諭未附之地。」〔註8〕述洪武二年、三年來安府知府為岑漢忠，且其子為子振。《土官底簿》既云岑善忠初為來安知府，且其子為振。不識此岑漢忠即岑善忠否。

又，本傳後文：「洪武元年，泗城州土官岑善忠以次子子得領安隆峒。」〔註9〕則在洪武元年，稱岑善忠為泗城州土官。《大明清類天文分野之書》卷二〇於「泗城州」下云：「元，《郡志》有泗城州。本朝洪武元年歸附，仍為州。九年直隸廣西布政司。」〔註10〕則以泗城州之歸附在洪武元年。未詳孰是。

（二）（正統）二年，豹攻利州，掠其叔顏妻子財物。朝廷官至撫諭，負固不服，增兵拒守。雲以聞，乞發兵剿之。帝敕雲曰：「蠻夷梗化，罪固難容，然興師動眾，事亦不易，其更遣人諭之。」〔註11〕

〔註5〕《（嘉靖）廣西通志》卷五二，葉九。

〔註6〕《土官底簿》，《景印文淵閣四庫全書》第599冊，第404頁。

〔註7〕《明太祖實錄》，第853頁。

〔註8〕《明太祖實錄》，第951頁。

〔註9〕《明史》卷三一九，清乾隆四年武英殿刻本，葉五。參見《明史》，中華書局1974年，第8261頁。

〔註10〕《大明清類天文分野之書》，《續修四庫全書》第586冊，第265～267頁。

〔註11〕《明史》卷三一九，清乾隆四年武英殿刻本，葉二。參見《明史》，中華書局1974年，第8258頁。

舊識，中華書局：「二年豹攻利州。二年，同卷《利州傳》作正統元年。按《英宗實錄》卷二六繫此於正統二年正月庚戌，並有英宗敕命，則『二年』應是奏報到京之年。」〔註12〕

今按，是也。本傳此句之取材，《明英宗實錄》卷二六正統二年正月庚戌條：「廣西總兵官都督山雲等奏：『泗城州土官知州岑豹攻奪利州知州岑顏地方，并掠其妻子財物。雖朝廷屢遣官撫諭，而負固不服，增兵據守，乞量調官軍剿之。』上敕雲等曰：『蠻夷違命梗化，罪固難容，而朝廷興師動眾，事亦不易，卿其更遣人諭之。彼能輸款即與自新，如尚稔惡不悛，即加剿滅，務俾事集人安，以副委任。』」〔註13〕是正統二年正月庚戌，為奏報到京，英宗敕命之時。所謂「豹攻利州」云云，必發生於此前，為連帶敘及。而敕命在正月，則「豹攻利州」發生於正統元年，可推得知。故《利州傳》：「正統元年，泗城岑豹侵據利州地，并掠顏妻子財物。總兵官山雲以聞，帝敕鎮巡官撫諭之。」〔註14〕是將「泗城岑豹侵據利州地」繫於正統元年下，而以奏報到京，英宗敕命為連帶敘及。

（三）正統六年，總兵官柳溥奏：「行人恕、昇同廣西三司委官諭豹退還原占利州地，豹時面從，及回，占如故。今顏欲以利州利甲等莊易泗城古那等甲，開設利州衙門，宜從其請，發附近官軍送顏赴彼撫治蠻民。倘豹仍拒逆，則率兵剿捕。」從之〔註15〕。

舊考，四庫館臣：「其明年，總兵官柳溥奏豹退還利州地。舊本作正德六年。臣章宗瀛按，正德年中事尚在後文，此係正統六年。其事本上下相承，傳誤『統』為『德』也。上文已有正統元年領起，此處不須複說『正統』。謹酌改。」〔註16〕

今按，是也。本傳此句之取材，《明英宗實錄》卷七九正統六年五月丁巳條：「廣西總兵官安遠侯柳溥奏：『行人黃恕、朱昇同貴州都布按三司委官撫

〔註12〕《明史》，中華書局1974年，第8277頁。
〔註13〕《明英宗實錄》，第523頁。
〔註14〕《明史》卷三一九，清乾隆四年武英殿刻本，葉六。參見《明史》，中華書局1974年，第8262頁。
〔註15〕《明史》卷三一九，清乾隆四年武英殿刻本，葉二。參見《明史》，中華書局1974年，第8258頁。
〔註16〕《明史》，《景印文淵閣四庫全書》第302冊，第617頁。

論泗城州土官岑豹，令其退還原占利州地方與土官知州岑顏。其時豹面從之，及各官回復，占如故。臣以蠻夷讐害，亦其常性。今顏欲以利州利甲等莊易泗城州古那等甲，開設利州衙門，宜如其請。發附近官軍送顏赴彼，撫治夷民，儻豹仍前距逆，則率兵剿捕。』從之。」〔註17〕繫此事於正統六年。且承接上文正統五年事。檢《明史稿》，正作「正統」〔註18〕。是《明史》刪潤《明史稿》時，訛「統」為「德」矣。

又識，黃明光云，「利州利甲等莊易泗城古那等甲」，中華書局點校本點作「利州、利甲等莊易泗城、古那等甲」，不確〔註19〕。

（四）成化元年，豹聚眾四萬，攻劫上林長官司，殺土官岑志威，據其境土。兵部言：「豹強獷如此，宜調兵禽捕，明正典刑。」從之〔註20〕。

今考，志威，當「志傑」之訛。辨證如下：

本傳此事，又見同傳下文：「成化元年，泗城岑豹攻劫上林，殺長官志威，滅其族，劫印，占其境土。兵部移文議豹罪，仍以地與印給上林。」〔註21〕皆取材《明憲宗實錄》卷一三成化元年正月辛酉條：「巡撫兩廣右僉都御史吳禎奏，廣西泗城州土官岑豹聚眾四萬，攻劫上林長官司，既而又殺土官岑志威，滅其族，劫其印，占據其境土。雖經兵部移文，累令撫治，豹恃頑不服。事下，兵部言：『豹強獷如此，不早為之所，恐貽邊患。宜行禎等，可撫則撫，否則調兵擒捕，明正典刑。』從之。」〔註22〕然據《（嘉靖）廣西通志》：「志威襲，無嗣。弟志傑襲。天順八年，泗城岑豹以兵攻司，殺志傑，奪印而據其地，俾頭目黃傑領之。志傑子宗蔭出奔他州，不知所終。豹盡殄其族，惟岑瑤一人脫去。」〔註23〕敘事甚詳，且言其承襲子弟至具。當以「志傑」為是。

〔註17〕《明英宗實錄》，第1575頁。

〔註18〕《明史稿》第七冊，第200頁。

〔註19〕黃明光：《明史廣西土司傳續考》，《中央民族學院學報》，1989年第4期，第39頁。

〔註20〕《明史》卷三一九，清乾隆四年武英殿刻本，葉二。參見《明史》，中華書局1974年，第8258頁。

〔註21〕《明史》卷三一九，清乾隆四年武英殿刻本，葉五。參見《明史》，中華書局1974年，第8261頁。

〔註22〕《明憲宗實錄》，第279頁。不早為之，原作「不旱為之」，據《校勘記》改。見《明憲宗實錄校勘記》，第51頁。

〔註23〕《（嘉靖）廣西通志》卷五二，葉一八。

蓋《明實錄》誤以「志傑」為「志威」，故《明史》沿襲之。又識，「禽」，中華書局點校本徑改作「擒」〔註24〕。

（五）（弘治）十年，總督鄧廷瓚奏：「接往年隨征都匀、府江等處有功，乞略其祖父罪，令承襲世職，以圖報效。」廷臣議：「劫印侵地，雖係接祖父罪，然再四撫諭，接不肯歸之於官，遽使襲職，則志益驕，非馭土官法。」〔註25〕

今考，《明孝宗實錄》繫此事於弘治九年。材料如下：

《明孝宗實錄》卷一一六弘治九年八月壬寅條：「總督兩廣右都御史鄧廷瓚等言：『廣西土官猺獞數多，流官土民數少，兼各衛軍士十亡八九，凡有征調，全倚土兵……泗城州土舍岑接往年隨征都匀、府江等處皆有功，乞略其父祖執印侵地之過，令承襲世職，以圖報效……』事下兵部，集廷臣議，謂：『古田……執印侵地，雖岑接父祖之過，然再四撫諭，岑接尚不肯歸之於官，似未有改圖之意，遽使之襲授，則志轉驕溢，亦非馭土官之法。』」〔註26〕繫此事於弘治九年。黃彰健曾論及之〔註27〕。檢《全邊略記》〔註28〕、《五邊典則》〔註29〕，取材《實錄》，皆繫此事於弘治九年。

（六）（弘治）十二年，田州土目黃驥作亂，要接為聲援，殺掠男婦，劫燒倉庫民廬，又劫府學及橫山驛印記，遂據興仁〔註30〕。

今考，「興仁」為「歸仁」之訛。辨證如下：

本傳此句之取材，《明孝宗實錄》卷一四九弘治十二年四月甲午條：「初，廣西田州府土官知府岑溥為其子猇所弑，猇亦自殺。次子猛方四歲。溥母岑氏及頭目黃驥護之，赴總鎮等官告襲職。歸至南寧，頭目李蠻遣兵來迎，驥意蠻欲分已權，怒之，殺其人。蠻率兵迎猛，繼至舊田州。驥懼，誣蠻將為變。復告，遣官軍護送。及調思恩府土官知府岑濬率兵同送至府，濬受驥賂，納其女，約分其府武龍等六甲地，遂携猛去，至思恩幽之。事覺，總鎮等官委

〔註24〕《明史》，中華書局1974年，第8258頁。
〔註25〕《明史》卷三一九，清乾隆四年武英殿刻本，葉三。參見《明史》，中華書局1974年，第8259頁。
〔註26〕《明孝宗實錄》，第2105～2107頁。
〔註27〕《廣西土司傳考證：明史纂誤三續》，《中國歷史研究》第2輯，第78頁。
〔註28〕《全邊略記》，《續修四庫全書》第738冊，第474頁。
〔註29〕《五邊典則》，《四庫禁燬書叢刊》史部第26冊，第549頁。
〔註30〕《明史》卷三一九，清乾隆四年武英殿刻本，葉三。參見《明史》，中華書局1974年，第8259頁。

副總兵歐磐等攝濬，久之，乃出猛。發省城下寄居。蠻屯兵自守以待猛，會得奏，命猛襲知府。驥、濬怒，要泗城州土舍岑接、東蘭州土官知州韋祖鋐，各起兵攻蠻。接兵二萬人，先入田州府，殺掠男女萬四百餘人，劫燒倉庫民廬，劫府學及橫山驛印記，遂據歸仁。」〔註31〕作「歸仁」。黃彰健曾論及之〔註32〕。檢《明史・地理志》於「田州」下云：「洪武二年七月為府，領歸仁州、羅博州、田州。」〔註33〕是歸仁為田州之地名，而查田州附近無「興仁」之區域。是以，當以「歸仁」為是。

（七）萬曆二年，泗城土官岑承勳等貢馬及香爐等物〔註34〕。

今考，岑承勳，疑當作「岑紹勳」。辨證如下：

本傳此句，不知取材何處。《明神宗實錄》無「岑承勳」者。本傳下文有「紹勳」〔註35〕。檢《明穆宗實錄》卷二一隆慶二年六月戊子條：「廣西泗城州土官岑紹勳遣人入貢方物，宴賚如例。」〔註36〕《明神宗實錄》卷六五萬曆五年八月丁巳條：「廣西泗洲城服色土司知州岑紹勳及所屬程縣、上林長官司差岑海等赴京進貢馬匹銀器，給賞有差。」〔註37〕似萬曆二年時之泗城土官為「岑紹勳」。故疑「岑承勳」當作「岑紹勳」。《（民國）田西縣志》錄《明史》此句云：「岑承勳，當係岑紹勳。《明史》作『承』字誤。」〔註38〕胡起望據《田州岑氏源流譜》、《（嘉慶）廣西通志》等資料，認為「岑承勳應係岑紹勳之誤」〔註39〕。黃彰健亦認為「作紹，當是也。」〔註40〕

（八）（萬曆）四十一年，土官岑雲漢貢方物。初，雲漢乃紹勳嫡嗣，紹勳寵庶孽雷漢，頭目黃瑪等從中煽禍，以至焚劫

〔註31〕《明孝宗實錄》，第 2621 頁。
〔註32〕《廣西土司傳考證：明史纂誤三續》，《中國歷史研究》第 2 輯，第 78 頁。
〔註33〕《明史》卷四五，清乾隆四年武英殿刻本，葉二九。參見《明史》，中華書局 1974 年，第 1164 頁。
〔註34〕《明史》卷三一九，清乾隆四年武英殿刻本，葉四。參見《明史》，中華書局 1974 年，第 8260 頁。
〔註35〕《明史》卷三一九，清乾隆四年武英殿刻本，葉四。參見《明史》，中華書局 1974 年，第 8260 頁。
〔註36〕《明穆宗實錄》，第 573 頁。
〔註37〕《明神宗實錄》，第 1429 頁。按，泗洲城，當作「泗城州」。
〔註38〕〔民國〕葉鳴平修，岑啟沃纂：《（民國）田西縣志》第七編，民國二十七年鉛印本，第 186 頁。
〔註39〕胡起望：《明史廣西土司傳校補》，《民族研究》，1979 年第 2 期，第 49 頁。
〔註40〕《廣西土司傳考證：明史纂誤三續》，《中國歷史研究》第 2 輯，第 78 頁。

稱兵，雲漢紿母出印，扶弟以奔，撫按以聞。廷議請釋紹勳罪以存大倫，杖雷漢、黃瑪等以息囂孽，雲漢從寬削銜，戴罪管事。詔可〔註41〕。

今識，廷議雲漢父子之事，在萬曆四十二年。材料如下：

廷議雲漢父子之事，取材《明神宗實錄》卷五二六萬曆四十二年十一月戊辰條：「刑部題覆泗城州土官岑雲漢父子始末，緣繇業經多官勘悉，大都謂，漢，嫡嗣也。始非有莫大之逆，祇緣勳以衽席之愛，寵孽生端，眾目以暌眥之私，從中煽禍，以故繇州駕捏串黨妄申，至於焚劫稱兵，假示瀆奏，殺子之謀，慘矣。而漢亦紿母謊印，扶弟出奔，至於焚城殺目，抗旨藐提。相提而論，紹勳父也，父無不是誅逆，法也。法貴原情，合行彼處撫按，釋勳之罪以存大倫，薄杖雷漢、黃瑪等以息囂孽，至雲漢宜從寬政，待以不死，止令削銜，戴罪管事。竣其親心悅，然後議復。蓋亦取其悔罪之誠，而嘉與更始也。得旨是。」〔註42〕知其發生於萬曆四十二年。為防誤讀，謹附識。

（九）天啟二年，巡撫何士晉請復雲漢知州職，量加都司職銜，令率土兵援黔。從之〔註43〕。

今考，復雲漢知州職，未必在天啟二年。辨證如下：

本傳此句，取材《明熹宗實錄》卷二九天啟二年十二月壬申條：「兵部覆廣西巡撫何士晉疏言，思恩知府葛中選忠義激發，為泗城、田州二司所信服，宜加副使職銜，暫委監軍，節制土司。都司僉書陳照加遊擊職銜，督押狼兵，協同進剿。泗州土司岑雲漢以知州量加都司職銜。田州土司岑懋仁，免其提問。各率土兵援黔，有功，一體優敘。上從之。」〔註44〕直稱岑雲漢以知州加都司職協，是其復知州職事在天啟二年十二月前。然檢《明實錄》，無言及此復知州職協事。檢《明史稿》，敘述已與本傳此句同〔註45〕，蓋上文言雲漢戴罪管

〔註41〕《明史》卷三一九，清乾隆四年武英殿刻本，葉四。參見《明史》，中華書局1974年，第8260頁。

〔註42〕《明神宗實錄》，第9896、9897頁。祇緣紹勳以衽席之愛，原作「祇緣勳以衽席之愛」。焚劫稱兵，原作「楚劫稱兵」。焚城殺目，原作「楚城殺目」。皆據《校勘記》改。參見《明神宗實錄校勘記》，第2395、2396頁。

〔註43〕《明史》卷三一九，清乾隆四年武英殿刻本，葉四。參見《明史》，中華書局1974年，第8260頁。

〔註44〕《明熹宗實錄》，第1446頁。岑雲漢，原作「峯雲漢」，誤，據上下文改。檢《明熹宗實錄校勘記》，無其校勘記，是今各版本《熹宗實錄》於此皆訛誤。

〔註45〕《明史稿》第七冊，第201頁。

事，故《明史》館臣於此敘述其復職。然雲漢之復職，未必在天啟二年。

（一〇）洪武元年，泗城州土官岑善忠以次子子得領安隆峒。三十年，子得來朝，貢馬。設治所。永樂元年設安隆長官司，以子得為長官，撫其眾。十二年貢馬，賜鈔幣，予世襲〔註46〕。

今考，《實錄》以設安隆長官司在洪武三十五年十二月。辨證如下：

本傳此句中，洪武元年，善忠以子得領安隆事，不知出處。

洪武三十年，子得來朝，設治所事。亦不知出處，然檢《明太宗實錄》卷一四洪武三十五年十一月丙午條：「廣西安隆峒土酋岑子得來朝貢馬，請設治所。」〔註47〕三十五年「請設治所」，似三十年「設治所」有誤。

永樂十二年貢馬，賜鈔幣事。見《明太宗實錄》卷一五八永樂十二年十一月丁未條：「廣西上林長官岑至威、安隆長安岑子得、四川永寧宣撫阿磊妻奢蘇各遣人貢馬，悉賜鈔幣遣還。」〔註48〕然未言及「予世襲」，不知何出。

永樂元年設安隆長官司，以子得為長官事。《大明一統志》：「本朝永樂元年建安隆長官司，直隸廣西布政司。」〔註49〕《（嘉靖）廣西通志》：「永樂元年建安隆長官司，直隸廣西布政使司。土官長官岑姓，舊為安隆峒酋長。國朝永樂間奏置長官司，錫印，以岑子德授長官，撫其夷民。」〔註50〕《（萬曆）廣西通志》：「國朝永樂間置長官司，以泗城州土官岑善忠次子子德授長官，撫其夷民，直隸布政司。」〔註51〕此蓋本傳此句材料之源出。檢《明太宗實錄》卷一五洪武三十五年十二月辛酉條：「設廣西安隆長官司，給印信，隸泗城州，以安隆峒土酋岑子得為長官。子得，洪武中嘗領土兵策應官軍，攻討蠻寨，未錄其功。至是自陳，遂命開設衙門，撫綏土人，仍置流官吏目一員。」〔註52〕以為洪武三十五年十二月。《明史·地理志》：「洪武三十五年十二月置安隆長官司，仍屬泗城州，後直隸布政司。」〔註53〕亦取此說。蓋置長官司，授官在

〔註46〕《明史》卷三一九，清乾隆四年武英殿刻本，葉五。參見《明史》，中華書局1974年，第8261頁。
〔註47〕《明太祖實錄》，第265頁。
〔註48〕《明太宗實錄》，第1802頁。
〔註49〕《大明一統志》，第1308頁。
〔註50〕《（嘉靖）廣西通志》卷五二，葉一九。
〔註51〕《（萬曆）廣西通志》，第628頁。
〔註52〕《明太宗實錄》，第278頁。
〔註53〕《明史》卷四五，清乾隆四年武英殿刻本，葉三一。參見《明史》，中華書局1974年，第1167頁。

洪武三十五年年末，故《一統志》等繫其年於永樂元年也。至於上所引廣西方志作「子德」，而《實錄》皆作「子得」，未知孰是。黃彰健曾論及之〔註54〕。

（一一）永樂初置長官司，以泗城州土官岑善忠三子子成為長官，撫其民〔註55〕。

舊考，四庫館臣：「永樂中置長官司。『初』改『中』。臣章宗瀛按，上林長官司係永樂七年置，不得云『初』，謹據《地理志》改。」〔註56〕

今按，是也。《明太宗實錄》卷九二永樂七年五月癸巳條：「廣西上林峒土官子岑志威遣頭目楊仁等貢馬，賜鈔六十五錠。」〔註57〕稱上林峒。《明太宗實錄》卷一〇二永樂八年三月己卯條：「四川邛部雜道沐川并廣西上林諸長官司、雲南金齒諸衛土官貢馬，四川灼卜寨首伽藍卜率其子弟來朝，皇太子賜賚之有差。」〔註58〕則稱上林為長官司。則上林長官司之設置在永樂七年五月至永樂八年三月之間。《大明一統志》：「本朝永樂七年建上林長官司，直隸廣西布政司。」〔註59〕《（嘉靖）廣西通志》：「永樂七年建上林長官司，直隸廣西布政司。」〔註60〕皆云永樂七年建上林長官司，與《實錄》不牴牾。故《明史·地理志》：「上林長官司，永樂七年以州之上林洞置，直隸布政司，萬曆中，省入州，崇禎六年分司西地入雲南廣南府。」〔註61〕當無誤。永樂七年為永樂中，非永樂初，此四庫訂正之由。然此為永樂七年事，而其下文緊接永樂四年事，黃彰健謂：「改為中字亦不妥……亦牴觸也。」〔註62〕

（一二）成化元年，泗城岑豹攻劫上林，殺長官志威，滅其族，劫印，占其境土。兵部移文議豹罪，仍以地與印給上林。〔註63〕

〔註54〕《廣西土司傳考證：明史纂誤三續》，《中國歷史研究》第 2 輯，第 78 頁。

〔註55〕《明史》卷三一九，清乾隆四年武英殿刻本，葉五。參見《明史》，中華書局1974 年，第 8261 頁。

〔註56〕《明史》，《景印文淵閣四庫全書》第 302 冊，第 617 頁。

〔註57〕《明太宗實錄》，第 1223 頁。

〔註58〕《明太宗實錄》，第 1328 頁。沐川，原作「洮州」，據《校勘記》改。見《明太宗實錄校勘記》，第 454 頁。

〔註59〕《大明一統志》，第 1306 頁。

〔註60〕《（嘉靖）廣西通志》卷五二，葉一八。

〔註61〕《明史》卷四五，清乾隆四年武英殿刻本，葉三〇。參見《明史》，中華書局1974 年，第 1165 頁。

〔註62〕《廣西土司傳考證：明史纂誤三續》，《中國歷史研究》第 2 輯，第 78 頁。

〔註63〕《明史》卷三一九，清乾隆四年武英殿刻本，葉五。參見《明史》，中華書局1974 年，第 8261 頁。

今考，志威，當「志傑」之訛。語在同卷考證第四則中。

利州

（一三）宣德二年，利州知州岑顏遣頭目羅嚮貢馬[註64]。

今考，《明宣宗實錄》記此事於宣德三年。材料如下：

《明宣宗實錄》於宣德二年下無岑顏貢馬之記錄，其卷四九宣德三年十二月辛丑條：「陝西西寧衛等處剌麻綽受等，廣西泗城州女土官知州盧氏遣族人岑泰，利州土官知州岑顏遣頭目羅嚮，湖廣容美宣撫司故土官黃萬通子隆傑來朝貢馬及銀器方物，奉使瓦剌都指揮毛哈剌等回京貢馬。」[註65]敘岑顏遣羅嚮貢馬，不識即此否。

（一四）正統元年，泗城岑豹侵據利州地，并掠顏妻子財物。總兵官山雲以聞，帝敕鎮、巡官撫諭之[註66]。

舊考，四庫館臣：「正統元年泗城岑豹侵據利州地。臣章宗瀛按，《泗城州傳》內載，正統二年，豹攻利州，侵掠其叔顏之妻子財物。此作元年，彼此互異。謹識。」[註67]

今按，此是將「泗城岑豹侵據利州地」繫於正統元年下，而以發生於正統二年之奏報到京，英宗敕命作為連帶敘及。語俱在同卷考證第二則中。

（一五）（正統）四年，顏遣族人岑忻貢銀器方物[註68]。

今考，《明宣宗實錄》記岑顏遣岑忻入貢事在宣德四年。材料如下：

《明英宗實錄》於正統四年下無利州入貢記載。而《明宣宗實錄》卷六〇宣德四年十二月丙戌條：「廣西利州土官知州岑顏等遣族人岑忻等來朝貢馬及銀器方物。」[註69]記岑顏遣岑忻入貢。恐本傳所記此事當置於宣德四年下。

〔註64〕《明史》卷三一九，清乾隆四年武英殿刻本，葉六。參見《明史》，中華書局1974年，第8262頁。
〔註65〕《明宣宗實錄》，第1191頁。
〔註66〕《明史》卷三一九，清乾隆四年武英殿刻本，葉六。參見《明史》，中華書局1974年，第8262頁。
〔註67〕《明史》，《景印文淵閣四庫全書》第302冊，第617頁。
〔註68〕《明史》卷三一九，清乾隆四年武英殿刻本，葉六。參見《明史》，中華書局1974年，第8262頁。
〔註69〕《明宣宗實錄》，第1432頁。

（一六）**而豹終殺顏及其子得，奪州印去，遂以流官判州事**〔註70〕。

今考，岑顏之子「得」，當為「璿」之訛。辨證如下：

本傳此句，取材《廣西名勝志》：「豹終不悛，攻殺岑顏及其子得，奪去州印。遂以流官判官管州事。」〔註71〕蓋源出《（萬曆）廣西通志》〔註72〕。而更早之《（嘉靖）廣西通志》則云：「正統間，為泗城土官岑豹所侵，殺其知州岑顏及子岑璿，奪去州印。」〔註73〕作「岑璿」。《（嘉靖）廣西通志》後文追述，亦云：「但岑顏及長子璿被害時，有次子矘禁錮於泗城十餘年，更名□。弘治四年，泗城□□殺岑應而謀其官，□始得偕其子略、瓊、廣三人□避於思恩府。今移□覈勘，未報。」〔註74〕仍作「岑璿」。《土官底簿》於「利州知州」下云：「（岑顏）被泗城州土官岑豹用藥箭射傷左腿。年老，長男岑璿，景泰元年五月十九日奏襲，行勘，未報。」〔註75〕提及岑顏長子岑璿。職是之故，當以「璿」為是。本傳此句岑顏之子「得」，為「璿」之訛。

據上所引《土官底簿》之文亦可知，雖正統間岑豹、岑顏相互攻殺多年，但景泰元年五月之時，岑顏及其子岑璿尚存，尚未為岑豹殺害。是本傳此句所述之事，在景泰元年五月之後，謹附識。

（一七）**嘉靖二年歸併泗城**〔註76〕。

今考，利州歸併泗城似不在嘉靖二年。辨證如下：

本傳此句，在《明史稿》作：「嘉靖二年，田州、歸順、那地土官岑猛等興兵攻泗城，破其州，擒岑接殺之。督府遣官按問，追出州印，覈其宗枝，無可據者。印發賓州貯庫地方兵民，歸併泗城州。」〔註77〕源出《廣西名勝志》〔註78〕，更早則《（萬曆）廣西通志》〔註79〕。文字表述皆相同。然觀其表達，

〔註70〕《明史》卷三一九，清乾隆四年武英殿刻本，葉六。參見《明史》，中華書局1974年，第8262頁。

〔註71〕《廣西名勝志》，《續修四庫全書》第735冊，第114頁。

〔註72〕《（萬曆）廣西通志》，第664頁。

〔註73〕《（嘉靖）廣西通志》卷五二，葉一四。

〔註74〕《（嘉靖）廣西通志》卷五二，葉一四。

〔註75〕《土官底簿》，《景印文淵閣四庫全書》第599冊，第394頁。

〔註76〕《明史》卷三一九，清乾隆四年武英殿刻本，葉六。參見《明史》，中華書局1974年，第8262頁。

〔註77〕《明史稿》第七冊，第202頁。

〔註78〕《廣西名勝志》，《續修四庫全書》第735冊，第114頁。

〔註79〕《（萬曆）廣西通志》，第664頁。

嘉靖二年田州等土官攻泗城，是否當年即將利州歸併泗城則未可知。

檢《（嘉靖）廣西通志》：「嘉靖二年，田州、歸順、那地土官岑猛等，糾雲南富川諸處土官，興兵與泗城讐殺，破其州，擒岑接戮之。督府遣官按問，追出州印。有岑良者，稱利州宗族，乞襲其官。但岑顏及長子璿被害時，有次子瓛禁錮於泗城十餘年，更名活。弘治四年，泗城岑接殺岑應而謀其官，活始得偕其子略、瓊、廣三人逃避於思恩府。今移檄覈勘，未報。」〔註80〕《（嘉靖）廣西通志》約成書於萬曆十年，其追述嘉靖二年事，當可信，且云「今移檄覈勘未報」，是《（嘉靖）廣西通志》成書時，尚在決定利州土官之人選。又卷五〇，將「利州」置於「直隸布政司土官州司」下〔註81〕。是約嘉靖十年時，利州尚未被廢除歸入泗城州可知也。則本傳此句謂嘉靖二年，利州歸併泗城，恐誤。

又識，《明史‧地理志》於「泗城州」下云：「西南有利州，元屬田州路，洪武七年十一月直隸布政司，正統六年五月徙治泗城州古那甲，嘉靖二年廢。」〔註82〕既置於「泗城州」下，又云嘉靖二年廢。蓋謂嘉靖二年利州歸入泗城。有待商榷。

龍州

（一八）宋置龍州，隸太平寨〔註83〕。

舊考，四庫館臣：「唐始置龍州，宋仍之。臣章宗瀛按，唐始置龍州，隸安南都護府，宋仍之，改隸邕州太平寨。則龍州乃唐置，非宋置也。此云宋置誤。謹據《唐書》及《方輿紀要》改。」〔註84〕

今按，是也。《新唐書‧地理志》於「嶺南道」下列有「龍州」，謂「隸安南都護府」〔註85〕。《讀史方輿紀要》於「龍州」下曰：「漢交趾郡地，後為谿峒地。唐置龍州，屬安南都護府。宋改隸邕州太平寨。元大德中升州為萬

〔註80〕《（嘉靖）廣西通志》卷五二，葉一四。

〔註81〕《（嘉靖）廣西通志》卷五〇，葉七。

〔註82〕《明史》卷四五，清乾隆四年武英殿刻本，葉三〇。參見《明史》，中華書局1974年，第1165頁。

〔註83〕《明史》卷三一九，清乾隆四年武英殿刻本，葉六。參見《明史》，中華書局1974年，第8262頁。

〔註84〕《明史》，《景印文淵閣四庫全書》第302冊，第617頁。

〔註85〕《新唐書》，第1145頁。

戶府。明初復為龍州。」〔註86〕

（一九）（洪武）八年，改隸廣西布政司。時帖堅言：「地臨交阯，所守關隘二十七處，有警須申報太平，達總司，比報下，已涉旬月，恐誤事機，乞依奉議、泗城二州，隸廣西便。」從之〔註87〕。

舊考，中華書局：「八年改隸廣西布政司。八年，本書卷四五《地理志》龍州條及《明一統志》卷八五俱作『九年』。」〔註88〕

今按，事在洪武九年，此作「八年」誤。辨證如下：

本傳此句，取材《明太祖實錄》卷一〇六洪武九年六月壬子條：「以左江太平府龍州隸廣西布政司。時龍州土官趙帖堅言：『本州地隣交阯，所守關隘二十七處，設有警，急湏申報太平，達於總司。比報下，已涉旬月，恐誤事機，乞以奉議、泗城二州隸廣西為便。』詔從之。」〔註89〕繫此事於洪武九年。《大明一統志》：「（洪武）九年，改直隸廣西布政司。」〔註90〕《明史·地理志》於「龍州」下云：「（洪武）九年六月直隸布政司。」〔註91〕皆繫於洪武九年。職是之故，龍州改隸廣西布政司在洪武九年。黃雲眉曾論及之〔註92〕。

（二〇）鄭國公常茂以罪謫居壽州〔註93〕。

舊考，四庫館臣：「鄭國公常茂以罪謫居壽州。『壽』改『龍』。」〔註94〕

今按，是也。本傳此句，取材《明太祖實錄》卷二三六洪武二十八年二月庚辰條：「已而鄭國公常茂以罪謫居龍州。」〔註95〕作「龍州」。《明太祖實錄》卷一八五洪武二十年九月丁酉條：「鄭國公常茂坐前驚潰虜眾罪當誅。上

〔註86〕《讀史方輿紀要》，第 4983 頁。
〔註87〕《明史》卷三一九，清乾隆四年武英殿刻本，葉六。參見《明史》，中華書局 1974 年，第 8263 頁。
〔註88〕《明史》，中華書局 1974 年，第 8277 頁。
〔註89〕《明太祖實錄》，第 1777 頁。
〔註90〕《大明一統志》，第 1307 頁。
〔註91〕《明史》卷四五，清乾隆四年武英殿刻本，葉三〇。參見《明史》，中華書局 1974 年，第 1166 頁。
〔註92〕《明史考證》，第 2514 頁。
〔註93〕《明史》卷三一九，清乾隆四年武英殿刻本，葉六。參見《明史》，中華書局 1974 年，第 8263 頁。
〔註94〕《明史考證攟逸》，《續修四庫全書》第 294 冊，第 422 頁。
〔註95〕《明太祖實錄》，第 3453 頁。

念其父開平王之功釋之，安置于廣西之龍州。二十四年卒于謫所。」〔註96〕記常茂謫龍州事。《明史・太祖本紀》：「（洪武二十年九月）丁酉，安置鄭國公常茂於龍州。」〔註97〕作「龍州」。《明史稿》：「而鄭國公常茂者，以罪謫居是州。」〔註98〕作「是州」者，據上文視之，即龍州也。蓋刪潤《明史稿》時，受上文「以其從子宗壽代署州事」〔註99〕影響，誤以「是州」為「壽州」矣。

（二一）宗壽偕耆民農里等六十九人來朝謝罪，貢方物〔註100〕。

今識，此句後當補置龍州軍民指揮使司事。本傳此句，取材《明太祖實錄》卷二四一洪武二十八年九月丙申條：「龍州土官趙宗壽偕耆民農里等六十九人來朝謝罪，貢方物。」〔註101〕在洪武二十八年九月。《明太祖實錄》卷二四二洪武二十八年十月戊申條：「詔總兵官左都督楊文置龍州軍民指揮使司，調馴象衛官軍築城守禦。」〔註102〕記置龍州軍民指揮使司事，在是年十月。本傳及《明史・地理志》皆未載，宜補入。此黃雲眉之說〔註103〕。

（二二）景升死，無嗣，以叔仁政襲〔註104〕。

今考，景升死，堂叔武成襲，武成死，武成子仁政襲。辨證如下：

《廣西名勝志》：「景昇死，無嗣，以叔仁政襲。」〔註105〕其先《（萬曆）廣西通志》〔註106〕同之。更早之《（嘉靖）廣西通志》云：「景昇襲，無嗣，以叔仁政襲。」〔註107〕此當本傳此句之源出。

檢《土官底簿》云：「男趙景升洪武三十一年襲。趙景升為榜文事提問。

〔註96〕《明太祖實錄》，第 2782 頁。

〔註97〕《明史》卷三，清乾隆四年武英殿刻本，葉六。參見《明史》，中華書局 1974年，第 44 頁。

〔註98〕《明史稿》第七冊，第 202 頁。

〔註99〕《明史稿》第七冊，第 202 頁。

〔註100〕《明史》卷三一九，清乾隆四年武英殿刻本，葉八。參見《明史》，中華書局 1974 年，第 8264 頁。

〔註101〕《明太祖實錄》，第 3500 頁。

〔註102〕《明太祖實錄》，第 3523 頁。

〔註103〕《明史考證》，第 2515 頁。

〔註104〕《明史》卷三一九，清乾隆四年武英殿刻本，葉八。參見《明史》，中華書局 1974 年，第 8264 頁。

〔註105〕《廣西名勝志》，《續修四庫全書》第 735 冊，第 114 頁。

〔註106〕《（萬曆）廣西通志》，《明代方志選（六）》，第 665 頁。

〔註107〕《（嘉靖）廣西通志》卷五二，葉一五。

病故，無子，堂叔趙武成承襲，間為不法事，提解行在都察院。病故，男趙仁政，宣德三年五月奉聖旨：『著趙仁政做知州，還去催那三司的文書來，欽此。』」〔註108〕言景升死，堂叔武成襲，武成死，武成子仁政襲。《明宣宗實錄》卷二八宣德二年五月戊申條：「廣西思明府土官知府黃瑚遣族人黃文德，萬承州知州許永成遣族人許永昌，龍州故土官知州子趙仁政遣族人趙忠等進馬。」〔註109〕以宣德二年之仁政為故土官知州子，與《土官底簿》相符。若仁政為景升之叔，則不當云故土官知州之子。故當以《土官底簿》之記載為是。黃彰健曾論及之〔註110〕。

（二三）思恩土官岑濬率兵攻田州回，劫龍州，奪其印，納故知府源妻岑氏〔註111〕。

今考，「知府」為「知州」之訛。辨證如下：

事見《明孝宗實錄》卷一四九弘治十二年四月甲午條：「濬兵二萬，攻舊田州，遂據之。殺掠男女五千餘人，劫龍州印，納故知州趙源妻岑氏。」〔註112〕以趙源為「知州」。《土官底簿》於「龍州知州」下云：「趙源，成化十一年九月，准就彼冠帶，到任管事。故，無嗣。」〔註113〕是趙源為龍州知州無疑。此作「知府」誤。

（二四）岑氏恃兄子猛方兵雄〔註114〕。

今考，或云岑氏是岑猛之妹。辨證如下：

《行邊紀聞》：「源妻岑氏，田州知府岑鏞女也。」〔註115〕《土官底簿》：「岑鏞承襲後，故，男岑溥，成化十一年十一月，題准就彼冠帶到任管事。」〔註116〕又云「岑溥嫡男岑猛」〔註117〕。岑氏為岑鏞之女，而岑猛為岑鏞之

〔註108〕《土官底簿》，《景印文淵閣四庫全書》第599冊，第400頁。

〔註109〕《明宣宗實錄》，第735頁。

〔註110〕《廣西土司傳考證：明史纂誤三續》，《中國歷史研究》第2輯，第79頁。

〔註111〕《明史》卷三一九，清乾隆四年武英殿刻本，葉八。參見《明史》，中華書局1974年，第8264頁。

〔註112〕《明孝宗實錄》，第2621頁。

〔註113〕《土官底簿》，《景印文淵閣四庫全書》第599冊，第400頁。

〔註114〕《明史》卷三一九，清乾隆四年武英殿刻本，葉八。參見《明史》，中華書局1974年，第8264頁。

〔註115〕《行邊紀聞》，《中華文史叢書》之二三，第441頁。

〔註116〕《土官底簿》，《景印文淵閣四庫全書》第599冊，第388頁。

〔註117〕《土官底簿》，《景印文淵閣四庫全書》第599冊，第388頁。

孫，故岑猛為岑氏之姪。與本傳所云之「兄子」合。然江汝璧《資政大夫吏部尚書偲菴楊公旦傳》云：「猛因黨其妹所立假子韋璋者。」〔註118〕則以岑氏為岑猛之妹。

（二五）璋賂鎮守太監傅倫舍人，詭稱有詔，檄猛調二萬兵，納璋入龍州〔註119〕。

舊考，四庫館臣：「璋賂鎮守太監傅倫舍人。『舍』上增『及錦衣』三字。」〔註120〕

今按，是也。如本傳此句所述，是韋璋所賄賂者為傅倫之舍人。檢《明武宗實錄》卷一七一正德十四年二月辛卯條云：「初廣西龍州土官知州趙源卒⋯⋯璋復謀奪相位，陰求助于田州土官岑猛、太平州土官李琯，賂鎮守太監傅倫、舍人王祥等，詭稱錦衣舍人奉旨調兵，送璋入州。猛等遂各起兵，共萬餘人攻破州治。」〔註121〕稱所賄賂者為鎮守太監傅倫及舍人王祥。《行邊紀聞》：「正德十三年，有錦衣兩舍人以別務至左江，張聲甚侈。楷言于猛曰：公主欲納璋，非朝命無以率眾，今幸兩京差來邊，民莫知何者，借勢而圖之，蔑不濟矣。猛大喜，遂行千金兩舍人，詭云有制。以偽檄調鎮安、果化、向武、養利、上林等土兵貳萬人，送璋入龍州，左江大震。」〔註122〕稱有錦衣兩舍人至左江，則舍人王祥蓋即錦衣舍人。

而《蠻司合誌》：「正德十三年，有錦衣兩舍人以別務至左江，楷揮千金賂兩舍人，詭云有旨，以土舍王祥持偽檄，遍調鎮安、果化、向武、養利、上林諸土兵二萬人，送璋入龍州。」〔註123〕既云錦衣兩舍人，又以王祥為土舍。則不知所據。《（嘉靖）廣西通志》於《外志》下記「（正德）十三年秋八月，田州府土官岑猛以兵襲龍州。」〔註124〕其下述此事云：「會有□宦舍人黃祥

〔註118〕〔明〕江汝璧：《資政大夫吏部尚書偲菴楊公旦傳》，〔明〕焦竑：《國朝獻徵錄》，周駿富：《明代傳記叢刊》第110冊，臺灣明文書局1991年，第192頁。

〔註119〕《明史》卷三一九，清乾隆四年武英殿刻本，葉八。參見《明史》，中華書局1974年，第8265頁。

〔註120〕《明史考證攟逸》，《續修四庫全書》第294冊，第422頁。

〔註121〕《明武宗實錄》，第3310頁。起，原作「赵」，據《校勘記》改。見《明武宗實錄校勘記》，第629頁。

〔註122〕《行邊紀聞》，《中華文史叢書》之二三，第442頁。

〔註123〕《蠻司合誌》，《中國少數民族古籍集成（漢文版）》第二冊，第226頁。

〔註124〕《（嘉靖）廣西通志》卷五六，葉一七。

自京使廣西，以他務之太平。猛迎賂之，命矯制持節送璋。遣願目韋好斜太平，合兵破龍州，納璋。」〔註125〕則作自京而來之「舍人黃祥」。黃、王同音易訛混。姑錄於此，以資考異。

（二六）**都御史楊旦討璋，猛殺之，相乃歸。相二子，長燧，次寶。相枝拇，寶亦枝拇，相絕愛之，曰：「肖我當立。」猛乃以寶去，髡為奴**〔註126〕。

舊考，四庫館臣：「都御史楊旦討韋璋，殺之。臣章宗瀛按，楊旦所討者，僅韋璋一人伏誅。至岑猛於嘉靖五年為姚鏌所誅。《歸順州傳》、《沈希儀傳》及《通鑑紀事》、《蠻司合誌》並同，何緣於正德年間旦得誅猛也。謹據改。」〔註127〕

今按，四庫館臣斷句有誤，故其考證無必要矣。本傳「都御史楊旦討璋猛殺之」一句，依四庫館臣之考證，是斷為「都御史楊旦討璋、猛，殺之」，若斷為「都御史楊旦討璋，猛殺之」，則符合四庫館臣考證所要論證之事實「僅韋璋一人伏誅」，故四庫之考證不必要矣。

（二七）**遣上思州知州黃熊兆黥之**〔註128〕。

今考，「黃熊兆」為「王熊兆」之訛。辨證如下：

檢《（嘉靖）南寧府志》卷六《秩官志》敘上思州知州：「王熊兆，□□人，舉人，〔嘉〕（加）靖四年任。」〔註129〕只有王熊兆，無黃熊兆。又檢《明史‧田州傳》「鏌留參議汪必東、僉事申惠、參將張經以兵萬人鎮其地，知〔州〕（府）王熊兆署府事」〔註130〕，該條之考證中明代史料對上思州知州王熊兆多有言及。「黃熊兆」為「王熊兆」之訛。黃明光曾論及之〔註131〕。敘此事時

〔註125〕《（嘉靖）廣西通志》卷五六，葉一七。

〔註126〕《明史》卷三一九，清乾隆四年武英殿刻本，葉九。參見《明史》，中華書局1974年，第8265頁。

〔註127〕《明史》，《景印文淵閣四庫全書》第302冊，第618頁。

〔註128〕《明史》卷三一九，清乾隆四年武英殿刻本，葉九。參見《明史》，中華書局1974年，第8265頁。

〔註129〕〔明〕方瑜纂修：《（嘉靖）南寧府志》卷六，明嘉靖四十三年刻本，葉一七。

〔註130〕《明史》卷三一八，清乾隆四年武英殿刻本，葉二〇。參見《明史》，中華書局1974年，第8249頁。

〔註131〕黃明光：《明史廣西土司傳續考》，《中央民族學院學報》，1989年第4期，第37頁。

「王熊兆」之訛為「黃熊兆」，《蠻司合誌》卷一三已啟其端〔註132〕。明代史料如《西園聞見錄》者亦如此〔註133〕。蓋南人「王」、「黃」音近，故相訛也。

（二八）都御史蔡經屬副使翁萬達謀之〔註134〕。

舊考，四庫館臣：「都御史蔡經屬副使翁萬達謀之。『蔡』改『張』。」〔註135〕

今按，時人田汝成《行邊紀聞》記此事云：「都御史蔡經憂之，屬副使翁萬達及汝成曰：『願二君戡定也。』萬達謂汝成曰：『此賊非計擒，禍且不測。』」〔註136〕。《（萬曆）廣西通志》：「都御史蔡經謀副使翁萬達圖之。」〔註137〕皆作「蔡經」。檢《明史·張經傳》：「張經，字廷彝，侯官人。初冒蔡姓，久之乃復。」〔註138〕《國朝列卿紀》卷一〇七《總督兩廣尚書侍郎都御史年表》稱「蔡經」〔註139〕，又卷一〇〇《勅使江南尚書侍郎都御史行實》：「張經，即蔡經。」〔註140〕是蔡經，一名張經。本書《思明傳》之考證亦論及之，可參見。

歸順

（二九）永樂間，鎮安知府岑志綱分其第二子岑永綱領峒事〔註141〕。

今考，「岑永綱」為「岑永福」之訛。辨證如下：

《廣西名勝志》：「永樂間，鎮安知府岑志綱分其第二子岑永福領峒事。」〔註142〕其前之《（萬曆）廣西通志》同之〔註143〕。更早之《（嘉靖）廣西通

〔註132〕《蠻司合誌》，《中國少數民族古籍集成（漢文版）》第二冊，第227頁。
〔註133〕《西園聞見錄》，《續修四庫全書》第1169冊，第753頁。
〔註134〕《明史》卷三一九，清乾隆四年武英殿刻本，葉九。參見《明史》，中華書局1974年，第8265頁。
〔註135〕《明史考證攟逸》，《續修四庫全書》第294冊，第422頁。
〔註136〕《行邊紀聞》，《中華文史叢書》之二三，第148頁。
〔註137〕《（萬曆）廣西通志》，《明代方志選（六）》，第665頁。
〔註138〕《明史》卷二〇五，清乾隆四年武英殿刻本，葉四。參見《明史》，中華書局1974年，第5406頁。
〔註139〕《國朝列卿紀》，《四庫全書存目叢書》史部第94冊，第321頁。
〔註140〕《國朝列卿紀》，《四庫全書存目叢書》史部第94冊，第223頁。
〔註141〕《明史》卷三一九，清乾隆四年武英殿刻本，葉一〇。參見《明史》，中華書局1974年，第8266頁。
〔註142〕《廣西名勝志》，《續修四庫全書》第735冊，第104頁。
〔註143〕《（萬曆）廣西通志》，《明代方志選（六）》，第620頁。

志》云：「永樂間，府以岑永福繼，領峒事。」〔註144〕又云：「土官知州岑姓，裔出鎮安岑氏之後。有岑永福者，永樂間為歸順峒酋長。」〔註145〕皆作「岑永福」。據《（嘉靖）廣西通志》〔註146〕、《土官底簿》〔註147〕，襲岑志綱鎮安知府職者，乃其子「岑永壽」，是永壽、永福為兄弟明矣。職是之故，本傳此句之「岑永綱」為「岑永福」之訛。胡起望〔註148〕、黃彰健〔註149〕曾論及之。

（三〇）傳子瑛〔註150〕。

今識，《田州岑氏源流譜・歸順州岑氏支派記》：「永福公，由鎮安府五世分出。生宗瑛，宏治九年升峒為州。」〔註151〕稱為「宗瑛」。胡起望據之結合《廣西通志》稱「岑瑛」之兄為岑永紹，認為「傳子瑛」應改為「傳子宗瑛」〔註152〕。竊以為不應改。辨證如下：

《（嘉靖）廣西通志》：「永樂間，府以岑永福繼，領峒事。傳子瑛。」〔註153〕《土官底簿》：「歸順州土官知州。岑瑛，係峒主，加調報效土兵三千名臨敵，各兵勇健，獲功盡多。先該峒老黃昌等累告復設州治，舉保岑瑛，授以知州職事。會議得峒主岑瑛，授以知州。弘治九年十月奉聖旨，是，欽此。」〔註154〕則明代官方文件稱為「岑瑛」。蓋歸順州「岑瑛」一名「岑宗瑛」，抑或歸順州「岑瑛」與思恩府土知府「岑瑛」重名，而《田州岑氏源流譜》改為「岑宗瑛」。然則明代官方文件稱為歸順州「岑瑛」則可知也。不必改。

（三一）復從璋奏，以本州改隸布政司〔註155〕。

〔註144〕《（嘉靖）廣西通志》卷五二，葉一七。
〔註145〕《（嘉靖）廣西通志》卷五二，葉一八。
〔註146〕《（嘉靖）廣西通志》卷五二，葉五。
〔註147〕《土官底簿》，《景印文淵閣四庫全書》第599冊，第392頁。
〔註148〕胡起望：《明史廣西土司傳校補》，《民族研究》，1979年第2期，第49頁。
〔註149〕《廣西土司傳考證：明史纂誤三續》，《中國歷史研究》第2輯，第79頁。
〔註150〕《明史》卷三一九，清乾隆四年武英殿刻本，葉一〇。參見《明史》，中華書局1974年，第8266頁。
〔註151〕《壯族土官族譜集成》，第303頁。
〔註152〕胡起望：《明史廣西土司傳校補》，《民族研究》，1979年第2期，第49頁。
〔註153〕《（嘉靖）廣西通志》卷五二，葉一七。
〔註154〕《土官底簿》，《景印文淵閣四庫全書》第599冊，第392頁。
〔註155〕《明史》卷三一九，清乾隆四年武英殿刻本，葉一〇。參見《明史》，中華書局1974年，第8266頁。

舊識，四庫館臣：「以本州改隸布政司。按歸順改隸布政司在嘉靖初，見《地理志》。」〔註156〕

今按，《明史·地理志》云：「歸順州，元屬鎮安路。洪武初，廢為洞。弘治九年八月復置，屬鎮安府。嘉靖初，直隸布政司。」〔註157〕然《（嘉靖）廣西通志》云：「以峒僻安南，數為夷侵掠。弘治五年，奏改直隸廣西布政司，斷誠、綠、計、順安四峒，稔朗等二十六村隸其版籍。」〔註158〕豈歸順之為峒時已直隸布政司，改州後先屬府，後復隸布政司乎？俟考。

（三二）**希儀雅知璋女失寵，恨猛，又知部下千戶趙臣雅善璋。希儀因使趙臣語璋圖猛，璋受命**〔註159〕。

今考，趙臣，《行邊紀聞》作「趙柾」。材料如下：

《（萬曆）廣西通志》：「部下千戶趙臣雅善璋。希儀召趙臣以計□之。璋強臣留傳舍。」〔註160〕作「趙臣」。《赤雅》記歸順有趙臣廟，並於《趙臣廟》云：「歸順有趙臣廟，予不省何神。問其父老，曰趙臣者，粵西人，少倜儻好奇計，數不得志於有司，徧歷諸司，猺獞皆優禮之。昔岑猛以田州畔，岑猛奔歸順，岑璋誅之，田州平。趙臣第一功也。督府棄而勿錄。鄉人憐之，為之立廟。」〔註161〕作「趙臣」。然《行邊紀聞》：「部下千戶趙柾者雅善璋。希儀召趙柾問計。」〔註162〕作「趙柾」。未詳孰是。

（三三）**都御史姚鏌將舉兵討之。璋，猛婦翁也。鏌慮璋黨猛，召都指揮沈希儀謀。希儀雅知璋女失寵，恨猛，又知部下千戶趙臣雅善璋。希儀因使趙臣語璋圖猛，璋受命。時猛子邦彥守工堯隘，璋詐遣兵千人助邦彥，言：「天兵至，以姻黨故，且與爾同禍。今發精兵來，幸努力堅守。」邦彥欣納之。璋遣人報希儀曰：「謹以千人內應矣。」時田州兵殊死拒戰，諸將莫利當隘者，希儀獨引兵當之。約戰三合，歸順兵大呼**

〔註156〕《明史考證攟逸》，《續修四庫全書》第294冊，第422頁。
〔註157〕《明史》卷四五，清乾隆四年武英殿刻本，葉三〇。參見《明史》，中華書局1974年，第1164頁。
〔註158〕《（嘉靖）廣西通志》卷五二，葉一七。
〔註159〕《明史》卷三一九，清乾隆四年武英殿刻本，葉一〇。參見《明史》，中華書局1974年，第8266頁。
〔註160〕《（萬曆）廣西通志》，《明代方志選（六）》，第620頁。
〔註161〕〔明〕鄺露：《赤雅》，中華書局1985年，第46、47頁。
〔註162〕《行邊紀聞》，《中華文史叢書》之二三，第433頁。

曰：「敗矣！」田州兵驚潰，希儀麾兵乘之，斬首數千級，邦彥死焉。猛聞敗，欲自經。而璋先已築別館，使人請猛。時猛倉皇不知所出，遂挈印從璋，使走歸順。璋詭為猛草奏，促猛出印實封之。璋既知猛印所在，乃鴆殺猛，斬其首，并府印函之，間道馳軍門。為讒言所阻，竟不論功。璋死，次子瓛襲〔註163〕。

今考，本傳置此句所述事件於盛應期命歸順州討賊自贖之事前，誤。辨證如下：

《明世宗實錄》卷五七嘉靖四年十一月辛酉條：「先是，田州土官岑猛叛，提督兩廣兵部右侍郎盛應期、巡按御史謝汝儀議大征猛，條上征調事宜……一言歸順、那地、向武、奉議等七州各先助猛攻泗城，乞許自新，令其出兵討賊，以功贖罪。兵部覆議已，得旨允行。後應期奉有別旨，自陳去任，以都御史姚鏌代之，鏌復條奏用兵事宜。上令如前議，相機進勤。仍命鏌出榜曉諭地方，止課首惡，止誅猛等數人，其脅誘誤陷者不問。有生擒猛出獻者，賞銀三千兩。斬首來獻者二千兩。仍分給財產，量授官職。」〔註164〕則盛應期命歸順州討賊自贖之事，在姚鏌代盛應期舉兵討岑猛之前。故本傳將此句所述事件置於盛應期命歸順州討賊自贖之事前誤。

《（萬曆）廣西通志》〔註165〕、《行邊紀聞》〔註166〕記此句所述事件，皆未言具體日期。《（嘉靖）廣西通志》：「（嘉靖）五年夏四月，提督都御史姚鏌等率兵討田州，破工堯，猛竄歸順自殺，其子邦彥亦竄死。」〔註167〕記是事於嘉靖五年。檢《明世宗實錄》卷七二嘉靖六年正月己卯條：「總督兩廣御史姚鏌調集土漢兵十萬餘及永順、保靖二宣慰司兵，分五哨攻田州，首破工堯隘，殺岑猛子邦彥。猛懼，棄田州走。都指揮沈希儀說歸順州土舍岑璋誘斬之。璋，猛婦翁也。鏌以捷聞，併上諸文武官功狀。詔賜敕獎鏌，令兵部速議功次以聞。」〔註168〕嘉靖六年正月己卯為是歲之朝，是姚鏌討岑猛事在嘉靖五年明矣。

〔註163〕《明史》卷三一九，清乾隆四年武英殿刻本，葉一〇、一一。參見《明史》，中華書局1974年，第8266、8267頁。
〔註164〕止誅首惡，原作「止課首惡」。誤陷，原作「誤諂」。量授，原作「量受」。據《校勘記》改。參見《明世宗實錄校勘記》，第446頁。
〔註165〕《（萬曆）廣西通志》，《明代方志選（六）》，第620頁。
〔註166〕《行邊紀聞》，《中華文史叢書》之二三，第433頁。
〔註167〕《（嘉靖）廣西通志》卷五六，葉一九。
〔註168〕《明世宗實錄》，第1627頁。

（三四）璋既知猛印所在，乃鴆殺猛，斬其首，并府印函之，間道馳軍門。為讒言所阻，竟不論功〔註169〕。

今考，「竟不論功」之說不確。辨證如下：

本傳此句，語本《行邊紀聞》：「璋既知猛印所，在乃設酒賀猛，鼓樂殷作。酒中，以錦衣二襲、鴆飲一甌獻猛曰：『天兵索君甚急，不能庇覆。請自便，無波及也。』猛大怒呼曰：『竟墮老奸矣。』遂仰鴆死，璋斬其首，并府印函之。間道馳詣軍門。度已到，乃斬他囚首貫猛屍，昇擲諸軍。諸軍囂攘支解爭，擊殺十餘人。飆馳軍門，則猛首已梟一日矣。諸將大恚恨，遂浸淫毀璋。而布政使嚴紘等復害鎮陰壞其事，倡言猛實不死，死者道士錢一真也。御史石金遂劾鎮落職，而希儀等俱不論功。璋大恨，遂位於子瓛，而黃冠學辟穀矣。」〔註170〕

《明世宗實錄》卷七二嘉靖六年正月己卯條：「鎮以捷聞，併上諸文武官功狀。詔賜敕獎鎮，令兵部速議功次以聞。」〔註171〕又，卷七二嘉靖六年正月辛丑條：「錄湖廣土官擒斬岑猛功。永順宣慰彭宗漢、保靖宣慰彭九霄、歸順官男岑璋，各給銀二千兩，如初定賞格……土官男岑璋以猛婦翁，受密計擒猛，賜冠帶及地土耕牧。」〔註172〕《（嘉靖）廣西通志》：「（嘉靖五年）冬十月，降勅獎勵姚鎮等官。嘉靖五年十月初四日，勅提督兩廣軍務右都御史姚鎮、總鎮兩廣太監鄭潤及鎮守總兵官朱麒、巡按御史劉穎。」〔註173〕是岑璋等曾論功。

（三五）璋死，次子瓛襲〔註174〕。

今考，一說岑璋致仕，子瓛襲。材料如下：

本傳此句，語本《（萬曆）廣西通志》：「璋死，次子瓛襲。」〔註175〕

而《行邊紀聞》：「璋大恨，遂位於子瓛，而黃冠學辟穀矣。」〔註176〕《西

〔註169〕《明史》卷三一九，清乾隆四年武英殿刻本，葉一一。參見《明史》，中華書局1974年，第8267頁。

〔註170〕《行邊紀聞》，《中華文史叢書》之二三，第438、439頁。

〔註171〕《明世宗實錄》，第1627頁。

〔註172〕《明世宗實錄》，第1638頁。岑璋，原作「岑嶂」。據《校勘記》改。參見《明世宗實錄校勘記》，第499頁。

〔註173〕《（嘉靖）廣西通志》卷五六，葉二〇。

〔註174〕《明史》卷三一九，清乾隆四年武英殿刻本，葉一一。參見《明史》，中華書局1974年，第8267頁。

〔註175〕《（萬曆）廣西通志》，《明代方志選（六）》，第620頁。

〔註176〕《行邊紀聞》，《中華文史叢書》之二三，第438、439頁。

事珥》於《岑璋誅岑猛始末》下云：「璋恚恨，遂遜職於其子瓂，而託之辟穀黃冠以老。」〔註177〕《赤雅》於《趙臣廟》云：「趙臣、岑璋之功纖不錄。璋恚恨，遜職於瓂。璋入崇山，臣入古望，辟穀茹芝，不知所終。」〔註178〕《蠻司合誌》：「御史石金因劾鎮落職，而希儀等俱不論功。璋恨，致仕。子瓂襲。」〔註179〕皆謂岑璋致仕，子瓂襲。

（三六）嘉靖四年，提督盛應期以瓂先助猛逆攻泗城，許自新，出兵討賊自贖。從之〔註180〕。

今考，「瓂」當作「璋」。辨證如下：

本傳此句，語本《明世宗實錄》卷五七嘉靖四年十一月辛酉條：「先是，田州土官岑猛叛，提督兩廣兵部右侍郎盛應期、巡按御史謝汝儀議大征猛，條上征調事宜……一言歸順、那地、向武、奉議等七州各先助猛攻泗城，乞許自新，令其出兵討賊，以功贖罪。兵部覆議已，得旨允行。」〔註181〕未言歸順土官為誰。而據上文考證，姚鎮討岑猛及歸順土官岑璋殺岑猛，在此事件之後。則此處之歸順土官，當為岑璋。

（三七）瓂後從征交阯，卒於軍。子代襲〔註182〕。

今識，「代」非人名，為繼代之意。材料如下：

本傳此句，語本《（萬曆）廣西通志》：「瓂從征黎賊，卒于軍。子天相襲。天相死，無嗣，弟天錫襲。天錫死，子嘉襲。嘉死，無嗣，以宗人岑瑾襲。瑾死，子良瑄襲。」〔註183〕《（光緒）鎮安府志》云：「謹案，《明史》載瓂死，子代襲。是繼代而襲，即天錫，非別有人名代也。」〔註184〕以「代」非人名，為繼代之意，是也。然所代者，按《（萬曆）廣西通志》，當為天相。

〔註177〕〔明〕魏濬：《西事珥》，《四庫全書存目叢書》史部第247冊，齊魯書社1997年，第829頁。
〔註178〕《赤雅》，第46、47頁。
〔註179〕《蠻司合誌》，《中國少數民族古籍集成（漢文版）》第二冊，第232頁。
〔註180〕《明史》卷三一九，清乾隆四年武英殿刻本，葉一一。參見《明史》，中華書局1974年，第8267頁。
〔註181〕止誅首惡，原作「止課首惡」。誤陷，原作「誤諂」。量授，原作「量受」。據《校勘記》改。參見《明世宗實錄校勘記》，第446頁。
〔註182〕《明史》卷三一九，清乾隆四年武英殿刻本，葉一一。參見《明史》，中華書局1974年，第8267頁。
〔註183〕《（萬曆）廣西通志》，《明代方志選（六）》，第620頁。
〔註184〕〔清〕羊復禮纂修：《（光緒）鎮安府志》卷六，清光緒十八年刻本，葉五二。

中華書局點校本於「代」字劃專名線，是以「代」為人名，蓋誤矣。胡起望曾論及之〔註185〕。

向武

（三八）洪武二年七月，土官黃士鐵遣使貢馬及方物〔註186〕。

舊考，士，庫本作「世」〔註187〕。

今按，是也。辨證如下：

下文作「世鐵」〔註188〕。本傳此句之取材，《明太祖實錄》卷四三洪武二年七月丁未條：「廣西右江田州府土官岑伯顏、來安府岑漢忠、向武州黃世鐵、左江太平府黃英衍、思明府黃忽都、龍州趙帖堅各遣使奉表貢馬及方物。詔以伯顏為田州府知府，漢忠為來安府知府，世鐵為向武州知州，英衍為太平府知府，忽都為思明府知府，帖堅為龍州知州兼萬戶，皆許以世襲。」〔註189〕作「世」。《土官底簿》：「（洪武）二十八年，因見黃世鐵任向武州知州，與鎮安府爭占地方，大軍征勦。」〔註190〕亦作「世」。是作「世」無疑。檢《明史稿》，作「世」〔註191〕，是《明史》刪潤《史稿》時，訛「世」為「士」矣。

（三九）（洪武）二十一年，廣西布政司言向武州叛蠻梗化。時都督楊文佩征南將軍印，討龍州、奉議等處，復奉命移師向武。文調右副將軍韓觀分兵進討都康、向武、富勞諸州縣，斬世鐵。以兵部尚書唐鐸言，置向武州守禦千戶所〔註192〕。

今考，事在洪武二十八年，此作「二十一年」誤。辨證如下：

本傳此句，取材《明太祖實錄》卷二四〇洪武二十八年八月丁卯條：「命

〔註185〕 胡起望：《明史廣西土司傳校補》，《民族研究》，1979 年第 2 期，第 49 頁。

〔註186〕 《明史》卷三一九，清乾隆四年武英殿刻本，葉一一。參見《明史》，中華書局 1974 年，第 8267 頁。

〔註187〕 《明史》，《景印文淵閣四庫全書》第 302 冊，第 611 頁。

〔註188〕 《明史》卷三一九，清乾隆四年武英殿刻本，葉一一。參見《明史》，中華書局 1974 年，第 8267 頁。

〔註189〕 《明太祖實錄》，第 853 頁。

〔註190〕 《土官底簿》，《景印文淵閣四庫全書》第 599 冊，第 390 頁。

〔註191〕 《明史稿》第七冊，第 205 頁。

〔註192〕 《明史》卷三一九，清乾隆四年武英殿刻本，葉一一。參見《明史》，中華書局 1974 年，第 8267 頁。

左軍都督府左都督楊文佩征南將軍印，為總兵官。廣西都指揮使韓觀為左副將軍右軍都督府都督僉事，宋晟為右副將軍，劉真為參將。率京衛精壯馬步官軍三萬人至廣西，會各處軍馬，討龍州土官趙宗壽及奉議、南丹、向武等州叛蠻。賜文等及從征指揮而下鈔有差。師行，遣使祭嶽鎮海瀆諸神。」〔註193〕及《明太祖實錄》卷二四二洪武二十八年十月癸卯條：「平奉議州蠻寇。初，征南將軍左都督楊文等駐師奉議州之東南，分兵追捕賊黨⋯⋯左副將軍韓觀等遂分兵進討都康、向武、富勞、上林諸州縣，破其更吾、蓮花、大藤峽等寨。斬賊首黃世鐵并其黨一萬八千三百六十餘人、賊屬八千二百八十七人，焚死男女四百三十四人，招降蠻民復業者六百四十八戶，徙置象州武仙縣。蠻寇遂平。時兵部尚書致仕唐鐸參議軍事，以朝廷嘗命，征進畢日置衛守之，乃會諸將相度山川形勢，置奉議等衛，并向武、河池、懷集、武仙、賀縣等處守禦千戶所，設官軍鎮之。事聞，詔從其言。」〔註194〕言事在洪武二十八年。檢《明史・奉議傳》，亦將此事繫於洪武二十八年〔註195〕。職是之故，本傳此句作「二十一年」誤。

（四〇）文調右副將軍韓觀分兵進討都康、向武、富勞諸州縣，斬世鐵〔註196〕。

舊考，四庫館臣：「左副將軍韓觀。臣章宗瀛按，韓觀為左副將軍，其右則都督宋晟也。《龍州》、《奉議》兩傳並作『左』字，此誤為『右』。謹據《明實錄》及各傳改。」〔註197〕

今按，是也。《明太祖實錄》卷二四〇洪武二十八年八月丁卯條：「廣西都指揮使韓觀為左副將軍右軍都督府都督僉事，宋晟為右副將軍。」〔註198〕《明太祖實錄》卷二四二洪武二十八年十月癸卯條：「左副將軍韓觀等遂分兵進討都康、向武、富勞、上林諸州縣。」〔註199〕《明史・龍州傳》〔註200〕、

〔註193〕《明太祖實錄》，第3485頁。

〔註194〕《明太祖實錄》，第3522頁。

〔註195〕《明史》卷三一九，清乾隆四年武英殿刻本，葉一二。參見《明史》，中華書局1974年，第8269頁。

〔註196〕《明史》卷三一九，清乾隆四年武英殿刻本，葉一一。參見《明史》，中華書局1974年，第8267頁。

〔註197〕《明史》，《景印文淵閣四庫全書》第302冊，第618頁。

〔註198〕《明太祖實錄》，第3485頁。

〔註199〕《明太祖實錄》，第3522頁。

〔註200〕《明史》卷三一九，清乾隆四年武英殿刻本，葉八。參見《明史》，中華書局1974年，第8264頁。

《奏議傳》〔註201〕，皆作「左」。

（四一）永樂二年，土官知州黃彧遣頭目羅以得貢馬，賜鈔幣〔註202〕。

今考，黃彧，當作「黃世彧」。辨證如下：

本傳此句，源出《明太宗實錄》卷三四永樂二年九月丁卯條：「廣西向武州土官知州黃或遣頭目羅以得貢馬，賜之鈔幣。」〔註203〕或，廣本抱本《實錄》作「彧」。作黃或，一作黃彧。《土官底簿》於「向武州知州」下云：「黃世彧，田州府富勞縣民。洪武二年除本縣知縣。二十八年，因見黃世鐵任向武州知州，與鎮安府爭占地方，大軍征勦。時世彧懼怕，帶印信逃往泗城州潛住。三十二年，總兵官招回，仍原管地方，有向武、富勞等州縣頭目黃五等告保，除任向武州土官，帶管富勞縣事。」〔註204〕又於「奉議州知州」下云：「黃嗣昌，係向武州土官知州黃世彧男。」〔註205〕作「世彧」。檢《（嘉靖）廣西通志》卷五二：「生子二，長世鐵，次世彧。」〔註206〕《蒼梧總督軍門志》卷四：「子世秩襲，絕。次子世彧任富勞縣兼管向武州。」〔註207〕綜合材料視之，《蒼梧總督軍門志》之「世秩」當為「世鐵」之訛。《（嘉靖）廣西通志》、《蒼梧總督軍門志》皆取材地方檔冊，有所依據。兄為世鐵，則弟應以世彧為是。是以，黃彧，當作「黃世彧」。胡起望曾論及之〔註208〕。

（四二）宣德四年，故土官知州黃謙昌子宗蔭貢馬，賜鈔〔註209〕。

今考，「黃謙昌子」，當作「黃嗣謙姪」。辨證如下：

《明實錄》中，未見宣德四年宗蔭貢馬記錄。本傳此句，或許取材《明

〔註201〕 《明史》卷三一九，清乾隆四年武英殿刻本，葉一二。參見《明史》，中華書局1974年，第8269頁。

〔註202〕 《明史》卷三一九，清乾隆四年武英殿刻本，葉一二。參見《明史》，中華書局1974年，第8268頁。

〔註203〕 《明太宗實錄》，第604頁。遣，原作「貴」，據《校勘記》改。或，廣本抱本作「彧」。見《明太宗實錄校勘記》，第173頁。

〔註204〕 《土官底簿》，《景印文淵閣四庫全書》第599冊，第390頁。

〔註205〕 《土官底簿》，《景印文淵閣四庫全書》第599冊，第403頁。

〔註206〕 《（嘉靖）廣西通志》卷五二，葉一二。

〔註207〕 《蒼梧總督軍門志》，第83頁。

〔註208〕 胡起望：《明史廣西土司傳校補》，《民族研究》，1979年第2期，第49頁。

〔註209〕 《明史》卷三一九，清乾隆四年武英殿刻本，葉一二。參見《明史》，中華書局1974年，第8268頁。

宣宗實錄》卷六五宣德五年四月癸酉條：「廣西向武州故土官知州黃謙昌子宗蔭、雲南太和縣土人楊榮等貢馬。」〔註210〕故黃彰健謂「四年二字應改作五年」〔註211〕。然《明宣宗實錄》卷二五宣德二年二月庚申條：「奉議州土官黃宗蔭遣頭目梁英……貢馬及方物。」〔註212〕《明宣宗實錄》卷四九宣德三年十二月甲辰條：「廣西奉議州署州事土官子黃宗蔭遣頭目黃潮等貢馬。」〔註213〕宣德二年、三年、五年，宗蔭皆有貢馬活動。四年是否貢馬，仍需闕疑。

據上所引《明宣宗實錄》卷六五宣德五年四月癸酉條〔註214〕，是宗蔭為黃謙昌子。然檢《土官底簿》於《向武州知州》下云：「黃嗣謙，永樂十三年八月奏准襲。故，絕，姪黃宗蔭襲任奉議州知州，本部奏准帶管本州。」〔註215〕又於《奉議州知州》下云：「黃嗣昌，係向武州土官知州黃世或男……告保黃嗣昌承襲。永樂四年正月初九日早，本部官於奉天門引奏：『奉聖旨，著他做奉議州知州。不志誠時換了，欽此。』故，庶長男黃宗蔭，奉議、向武二州目民陳蔭等告保，襲奉議州知州，兼管向武州事。本部參照，黃宗蔭既係黃嗣昌庶長親男，應襲奉議州知州，其向武州知州黃嗣讓亦係黃宗蔭同宗，今既絕嗣，本州事務亦各准令黃宗蔭帶管。宣德七年二月，奉聖旨：『是。欽此。』」〔註216〕按「黃嗣讓」為「黃嗣謙」之訛。《蒼梧總督軍門志》卷四：「世或任富勞縣兼管向武州。故，長子嗣昌襲奉議州。次子嗣謙襲向武州，絕。昌子宗蔭襲管二州并富勞縣。」〔註217〕是以，黃宗蔭為奉議州知州黃嗣昌子〔註218〕、向武州知州黃嗣謙姪。

（四三）時土官黃仲金怨真寶，遂與合兵，破鎮安〔註219〕。

〔註210〕《明宣宗實錄》，第 1528 頁。

〔註211〕《廣西土司傳考證：明史纂誤三續》，《中國歷史研究》第 2 輯，第 80 頁。

〔註212〕《明宣宗實錄》，第 650 頁。

〔註213〕《明宣宗實錄》，第 1194 頁。

〔註214〕《明宣宗實錄》，第 1528 頁。

〔註215〕《土官底簿》，《景印文淵閣四庫全書》第 599 冊，第 391 頁。

〔註216〕《土官底簿》，《景印文淵閣四庫全書》第 599 冊，第 403 頁。

〔註217〕《蒼梧總督軍門志》，第 83 頁。

〔註218〕故《明宣宗實錄》卷四九宣德三年十二月甲辰條稱「奉議州署州事土官子黃宗蔭」。

〔註219〕《明史》卷三一九，清乾隆四年武英殿刻本，葉一二。參見《明史》，中華書局 1974 年，第 8268 頁。

今考，土官黃仲金，當作「土官男黃仲金」。辨證如下：

本傳此句之取材，《明世宗實錄》卷一九六嘉靖十六年正月乙巳條：「與向武州官男黃仲金皆怨真寶。真寶既入田州，蘇令職、仲金合兵襲鎮安，破之。」〔註220〕作「土官男黃仲金」。《明世宗實錄》卷三四三嘉靖二十七年十二月乙卯條：「詔廣西向武州土官男黃仲金、那地州土官男羅廷鳳、泗城州土官男岑施，各就本處襲替，免赴京，以其嘗聽調有勞也。」〔註221〕是嘉靖二十七年黃仲金方襲替，故嘉靖十六年其為土官男無疑。檢《明史稿》，正作「土官男黃仲金」〔註222〕。故當以「土官男黃仲金」為是。

奉議

（四四）洪武初，土官黃志威舊為田州府總管，來歸附〔註223〕。

今考，「田州府」，當作「田州路」。辨證如下：

《（嘉靖）廣西通志》卷五二於「田州」下云：「元置田州路軍民總管府，洪武初改田州府，省來安府入焉。」〔註224〕又於「向武州」下云：「土官知州黃姓。在元為田州路屬州，有黃朝用、黃仕太歷知州事。黃志威陞路總管。」〔註225〕是黃志威歸附前為田州路總管。據《明太祖實錄》卷八五洪武六年十月丁酉條：「江夏侯周德興言，田州府總管黃志威招撫奉議等州一百一十七處人民，皆來款附。」〔註226〕《明太祖實錄》卷八七洪武七年二月己亥條：「以田州土官總管黃志威為奉議州知州兼守禦事，直隸廣西行省。」〔註227〕是入明後，改路為府，黃志威仍為田州府總管。然歸附前當稱「路」。

（四五）左副將軍韓觀等遂分兵追討都康、向武、富勞、上林諸州縣，破其更吾、蓮花、大藤峽等寨，斬向武土官黃世鐵并其黨萬八千三百餘人，招降蠻民復業者六百四十八戶，

〔註220〕《明世宗實錄》，第4151頁。
〔註221〕《明世宗實錄》，第6226頁。
〔註222〕《明史稿》第七冊，第205頁。
〔註223〕《明史》卷三一九，清乾隆四年武英殿刻本，葉一三。參見《明史》，中華書局1974年，第8268頁。
〔註224〕《（嘉靖）廣西通志》卷五二，葉六。
〔註225〕《（嘉靖）廣西通志》卷五二，葉一二。
〔註226〕《明太祖實錄》，第1521頁。
〔註227〕《明太祖實錄》，第1551頁。

徙置象州武山縣，蠻寇遂平〔註228〕。

今考，武山，為「武仙」之訛。辨證如下：

本傳此句之取材，《明太祖實錄》卷二四二洪武二十八年十月癸卯條：「平奉議州蠻寇……左副將軍韓觀等遂分兵追討都康、向武、富勞、上林諸州縣，破其更吾、蓮花、大藤峽等寨，斬賊首黃世鐵並其黨一萬八千三百六十餘人、賊屬八千二百八十七人，焚死男女四百三十四人，招降蠻民復業者六百四十八戶，徙置象州武仙縣，蠻寇遂平。」〔註229〕作「武仙」。《明史稿》已訛作「武山」〔註230〕。黃明光曾論及之〔註231〕。

（四六）宣德二年，署州事土官黃宗允遣頭目貢馬。正統五年，宗允科斂劫殺〔註232〕。

舊考，中華書局：「土官黃宗蔭遣頭目貢馬。黃宗蔭，原作『黃宗允』，據上文及《明史稿》傳一九三《奉議州傳》、《英宗實錄》卷六四正統五年二月癸巳條改。下同。」〔註233〕

今按，《明史‧向武州傳》作「宗蔭」〔註234〕，《明史稿‧奉議州傳》作「宗蔭」〔註235〕，《明宣宗實錄》卷二五宣德二年二月庚申條：「奉議州土官黃宗蔭遣頭目梁英……貢馬及方物。」〔註236〕《明英宗實錄》卷六四正統五年二月癸巳條：「廣西奉議州土官知州黃宗蔭科斂劫殺。」〔註237〕《土官底簿》於《奉議州知州》下云：「庶長男黃宗蔭，奉議、向武二州目民陳蔭等告保，襲奉議州知州，兼管向武州事。」〔註238〕是作「宗蔭」無疑。

〔註228〕《明史》卷三一九，清乾隆四年武英殿刻本，葉一三。參見《明史》，中華書局1974年，第8268頁。
〔註229〕《明太祖實錄》，第3522頁。
〔註230〕《明史稿》第七冊，第205頁。
〔註231〕黃明光：《明史廣西土司傳續考》，《中央民族學院學報》，1989年第4期，第37頁。
〔註232〕《明史》卷三一九，清乾隆四年武英殿刻本，葉一三。參見《明史》，中華書局1974年，第8269頁。
〔註233〕《明史》，中華書局1974年，第8278頁。
〔註234〕《明史》卷三一九，清乾隆四年武英殿刻本，葉一二。參見《明史》，中華書局1974年，第8268頁。
〔註235〕《明史稿》第七冊，第206頁。
〔註236〕《明宣宗實錄》，第650頁。
〔註237〕《明英宗實錄》，第1229頁。
〔註238〕《土官底簿》，《景印文淵閣四庫全書》第599冊，第403頁。

《明史》作「允」者，蓋避清世宗嫌名。史有避清世宗諱，改「胤」為「允」者，如《明史‧柳州傳》，改「朱昌胤」為「朱昌允」〔註239〕，上文已考證之。《清稗類鈔》有「臣工不避世宗嫌名」條，謂：「廟諱御名，前代懸為厲禁，列聖諭旨，亦祇令敬避下一字。世宗見臣工有避嫌名者，輒怒曰：『朕安得有許多名字？非朕名而避，是不敬也。』」〔註240〕誠然。如《明史‧向武州傳》有「宗蔭」〔註241〕。《明史‧樂志》：「俾蔭嗣蕃昌。」〔註242〕據黃雲眉先生考證，更是改「胤」為「蔭」〔註243〕。《明史稿》不避，而本傳猶改「蔭」為「允」者，蓋書出眾手，而有極慎之人也。

江州

（四七）領縣一，曰羅白。洪武初，土官梁敬賓歸附，授世襲知縣。敬賓死，子復昌襲。永樂間，從征交阯被陷，子福里襲〔註244〕。

今考，此所述土官承襲，他書有異說。辨證如下：

本傳此句，取材《廣西名勝志》：「洪武初，土官梁敬賓歸附，授世襲知縣。敬賓死，子復昌襲。永樂間，從征交南被陷，子福里襲。」〔註245〕源出《（萬曆）廣西通志》云：「洪武初，土官梁敬賓歸附，授世襲知縣。敬賓死，子復昌襲。永樂間，從征交南被陷，子福里襲。福里死，子德容襲。德容死，子鳳襲。鳳死，子廷政襲。廷政死，絕。以鳳弟鸞襲。鸞死，子廷真襲。廷真死，絕，以弟廷貴之子國英襲。國英死，絕，以廷貴弟廷賢襲。廷賢死，絕，以宗人天送襲。」〔註246〕

而《土官底簿》於「羅白縣知縣」下則云：「梁原泰，洪武元年款附。三

〔註239〕《明史》卷三一七，清乾隆四年武英殿刻本，葉六。參見《明史》，中華書局 1974 年，第 8206 頁。

〔註240〕〔民國〕徐珂：《清稗類鈔》，中華書局 1984 年，第 2151 頁。

〔註241〕《明史》卷三一九，清乾隆四年武英殿刻本，葉一二。參見《明史》，中華書局 1974 年，第 8268 頁。

〔註242〕《明史》卷六二，清乾隆四年武英殿刻本，葉二五。參見《明史》，中華書局 1974 年，第 1547 頁。

〔註243〕《明史考證》，第 455 頁。

〔註244〕《明史》卷三一九，清乾隆四年武英殿刻本，葉一四。參見《明史》，中華書局 1974 年，第 8270 頁。

〔註245〕《廣西名勝志》，《續修四庫全書》第 735 冊，第 114 頁。

〔註246〕《（萬曆）廣西通志》，《明代方志選（六）》，第 663 頁。

年，授本縣土官知縣。五年征進被傷。二十三年，嫡男梁敬斌替職。故，無子，親弟梁敬宣告襲。謀殺本州知州黃智斌，重刑監侯。梁永現的係已故土官知縣梁敬斌嫡子，應襲，連人送部。宣德十年十二月，奉聖旨：『梁永現既有各該官吏保結明白，便著他襲故父梁敬斌職事。欽此。』」〔註247〕

檢《（嘉靖）廣西通志》：「土官知縣梁姓，洪武初歸附，錫印授官。宣德間，有梁永現者襲。子福祥襲。死，竟莫詳保襲者。蓋為江州土官黃海侵奪其土地，因去□□之籍。」〔註248〕是志約成書於嘉靖十年，提及梁永現。檢《蒼梧總督軍門志》：「土官梁廷政，見任知縣。祖世襲未詳。」〔註249〕是志前後三纂，成書在嘉靖末至萬曆初年間。提及梁廷政。未詳《土官底簿》與《（萬曆）廣西通志》孰是孰非，抑互有對錯云。

思陵（廣東瓊州府附）

（四八）思陵州，宋置，屬永平寨。元屬思明路〔註250〕。

舊考，四庫館臣：「唐始置宋仍之。臣章宗瀛按，思陵州，係唐置，隸安南都護府。此言宋置誤。謹據《唐書》改。」〔註251〕

今按，是也。《新唐書》於「嶺南道」下記「思陵州」，並云：「右隸安南都護府。」〔註252〕

（四九）宣德四年，護印土官韋昌來朝，貢馬，賜鈔幣〔註253〕。

今考，護印土官，當作「護印土官子」。辨證如下：

據《土官底簿》於「思陵州知州」下云：「次男韋昌奏，查，正統元年十二月奉聖旨：『且准他襲，還行文書去，著三司覆勘。若有不實，奏來定奪。欽此。』」〔註254〕正統元年韋昌方經朝廷授予，正式承襲土知州。故《明英宗實錄》卷八八正統七年正月丁丑條：「廣西思明府土官黃瑉遣官族黃陽等、思

〔註247〕《土官底簿》，《景印文淵閣四庫全書》第599冊，第392頁。
〔註248〕《（嘉靖）廣西通志》卷五二，葉八。
〔註249〕《蒼梧總督軍門志》，第80頁。
〔註250〕《明史》卷三一九，清乾隆四年武英殿刻本，葉一四。參見《明史》，中華書局1974年，第8271頁。
〔註251〕《明史》，《景印文淵閣四庫全書》第302冊，第618頁。
〔註252〕《新唐書》，第1145頁。
〔註253〕《明史》卷三一九，清乾隆四年武英殿刻本，葉一四。參見《明史》，中華書局1974年，第8271頁。
〔註254〕《土官底簿》，《景印文淵閣四庫全書》第599冊，第394頁。

陵等州土官知州韋昌等遣頭目黃堂等、貴州臥龍番木瓜長官司副長官李長等、陝西河州衞普應禪師領占遣剌麻亦失幹等、西伯乞贊等簇生番簇頭扎巴伯等來朝，貢馬，賜綵幣等物有差。」〔註255〕是在正統元年後，稱「土官知州」。《明宣宗實錄》卷六五宣德五年四月癸巳條：「廣西都康州土官知州馮斌及龍英州護印頭目趙義、養利州護印頭目趙啟、忠州護印頭目黃雄、思陵州護印土官子韋昌等來朝貢馬。」〔註256〕《明宣宗實錄》卷六六宣德五年五月丙午條：「賜廣西都康州土官知州馮斌，思陵、龍英、養利、忠州等州護印土官子韋昌、頭目趙義、趙啟、黃雄等鈔、綵幣有差。」〔註257〕事在正統元年前，稱之「護印土官子」。

「護印」二字者何？護印者，權護璽印之人也。蓋正式任命之土官去世，其承襲者需經朝廷任命認可，方取得法定之官職。故未經任命之時，只是代理事務，權護璽印而已。護印之人尚未取得掌印之職位，故「護印」與護印者連稱，只可稱其現有之身份職位。如「廣西忠州護印土官弟黃智勝」〔註258〕、「龍英州護印頭目趙義」〔註259〕、「湖廣高羅安撫司木冊長官司護印舍人田賢」〔註260〕、「太平府永康縣護印土官族楊武昌」〔註261〕、「烏羅長官司護印老人羅憲」〔註262〕等，不稱其某州某縣某司知州、知縣、長官、土官，而謂之土官族、土官弟、頭目、舍人、老人，皆其現有之身份職位。韋昌受命以前，是土官之男（土官子）身份，故稱「護印土官子」。

職是之故，本傳此句「護印土官」，當作「護印土官子」。至於事件發生時間，《明宣宗實錄》無宣德四年韋昌貢馬事，其「五年」之訛乎？俟考。

（五〇）改乾寧安撫司為瓊州府，以崖州吉陽軍、儋州萬安軍俱為州，南建州為安定縣隸焉〔註263〕。

〔註255〕 《明英宗實錄》，第 1764 頁。
〔註256〕 《明宣宗實錄》，第 1542 頁。
〔註257〕 《明宣宗實錄》，第 1553 頁。
〔註258〕 《明宣宗實錄》卷五洪熙元年閏七月丁未條。參見《明宣宗實錄》，第 140 頁。
〔註259〕 《明宣宗實錄》卷六五宣德五年四月癸巳條。參見《明宣宗實錄》，第 1542 頁。
〔註260〕 《明宣宗實錄》卷九四宣德七年八月乙巳條。參見《明宣宗實錄》，第 2132 頁。
〔註261〕 《明英宗實錄》卷三一二天順四年二月乙卯條。參見《明英宗實錄》，第 6547 頁。
〔註262〕 《明孝宗實錄》卷六〇弘治五年二月乙卯條。參見《明孝宗實錄》，第 1154 頁。
〔註263〕 《明史》卷三一九，清乾隆四年武英殿刻本，葉一四。參見《明史》，中華書局 1974 年，第 8271 頁。

舊考，四庫館臣：「以崖州吉陽軍、儋州南寧軍、萬州萬安軍俱為州，南建州為定安縣。臣章宗瀛按崖州為元吉陽軍所改，儋州為元南寧軍所改，萬州為元萬安軍所改。傳誤脫『南寧軍萬州』五字，而以萬安軍屬儋州，彼此舛錯。定安縣誤作安定縣。並據《統志》、《地理志》增改。」〔註264〕

今考，是也。辨證如下：

《明史・地理志》：「崖州，元吉陽軍。」〔註265〕「儋州，元南寧軍。」〔註266〕「萬州，元萬安軍。」〔註267〕「定安。府南。元至元二十九年六月置。天曆二年十月升為南建州。洪武元年十月復為縣。」〔註268〕《大明清類天文分野之書》卷七於「瓊州府」下云：「崖州，舊吉陽軍。」〔註269〕「儋州，舊南寧軍。」〔註270〕「萬州，舊萬安軍。」〔註271〕「定安縣。元置定安縣。至治間，改南建州。本朝復為定安縣。」〔註272〕是本傳以萬安軍屬儋州誤。定安縣誤作安定縣。

夷考其由。本傳此句之來源，《明太祖實錄》卷三五洪武元年十月丁酉條：「改瓊州乾寧安撫司為瓊州府，崖州吉陽軍、儋州南寧軍、萬安軍俱為州，隸瓊州府。南建州為安定縣。」〔註273〕萬安軍上不言萬州，定安誤作安定。故《明史稿》：「改瓊州乾寧安撫司為瓊州府，崖州吉陽軍、儋州萬安軍俱為州，隸瓊州府。南建州為安定縣。」〔註274〕既襲「安定」之誤，又誤屬萬安軍於「儋州」下。故《明史》沿襲其誤。

〔註264〕《明史》，《景印文淵閣四庫全書》第302冊，第618頁。

〔註265〕《明史》卷四五，清乾隆四年武英殿刻本，葉一八。參見《明史》，中華書局1974年，第1147頁。

〔註266〕《明史》卷四五，清乾隆四年武英殿刻本，葉一七。參見《明史》，中華書局1974年，第1146頁。

〔註267〕《明史》卷四五，清乾隆四年武英殿刻本，葉一八。參見《明史》，中華書局1974年，第1147頁。

〔註268〕《明史》卷四五，清乾隆四年武英殿刻本，葉一七。參見《明史》，中華書局1974年，第1146頁。

〔註269〕《大明清類天文分野之書》，《續修四庫全書》第586冊，第46頁。

〔註270〕《大明清類天文分野之書》，《續修四庫全書》第586冊，第46頁。

〔註271〕《大明清類天文分野之書》，《續修四庫全書》第586冊，第47頁。

〔註272〕《大明清類天文分野之書》，《續修四庫全書》第586冊，第46頁。

〔註273〕《明太祖實錄》，第637頁。萬安，原作「萬化」，據《校勘記》改。見《明太祖實錄校勘記》，第133頁。

〔註274〕《明史稿》第七冊，第206頁。

職是之故，當依四庫館臣之說修改。《文淵閣四庫全書》本《明史》本傳正文，雖補所缺五字，而仍舊以「定安縣」誤作「安定縣」〔註275〕。蓋傳鈔之不慎。中華書局點校本《明史》，則改「安定縣」為「定安縣」〔註276〕。而於萬安軍誤屬「儋州」事，猶置闕如云。

（五一）（洪武）七年，儋州黎人符均勝等作亂，海南衛指揮張仁率兵討平之〔註277〕。

今考，「張仁」未必正確。辨證如下：

本傳此句，刪潤自《明史稿》：「（洪武）七年正月，儋州黎人符均勝等作亂，海南衛率兵討平之。三月，海南衛指揮同知張仁以兵討儋州賊陳逢愨，斬之。」〔註278〕源出《明太祖實錄》卷八七洪武七年二月辛亥條：「儋州洞黎人洞符均勝等作亂。海南衛發兵討平之。」〔註279〕《明太祖實錄》卷八八洪武七年三月壬申條：「海南衛指揮同知張仁以兵討儋州賊陳逢愨，斬之，生擒其黨楊玄老等五百六十餘人，劓其屬一千四百餘人。」〔註280〕只言海南衛討平符均勝，未言張仁討平符均勝也。

（五二）永樂三年，廣東都司言：「瓊州所屬七縣八洞生黎八千五百人，崖州抱有等十八村一千餘戶，俱已向化，惟羅活諸洞生黎尚未歸附。」帝命遣通判劉銘齎敕撫諭之〔註281〕。

今考，所屬七縣八洞，當作「屬縣七方等八峒」。辨證如下：

本傳此句之取材，《明太宗實錄》卷四一永樂三年四月辛卯條：「廣東都司奏，瓊州府屬縣七方等八峒生黎八千五百人、崖州抱有等十八村一千餘戶，俱已向化。惟羅活諸峒生黎尚未歸附。上命禮部，以帰附者，令有司善綏撫，未歸附者，仍遣人招諭。禮部遂奏，遣通判劉銘賚敕諭之。」〔註282〕

〔註275〕《明史》，《景印文淵閣四庫全書》第 302 冊，第 613 頁。
〔註276〕《明史》，中華書局 1974 年，第 8271 頁。
〔註277〕《明史》卷三一九，清乾隆四年武英殿刻本，葉一五。參見《明史》，中華書局 1974 年，第 8271 頁。
〔註278〕《明史稿》第七冊，第 206 頁。
〔註279〕《明太祖實錄》，第 1553 頁。
〔註280〕《明太祖實錄》，第 1558 頁。
〔註281〕《明史》卷三一九，清乾隆四年武英殿刻本，葉一五。參見《明史》，中華書局 1974 年，第 8272 頁。
〔註282〕《明太宗實錄》，第 673 頁。仍遣人招諭，原作「以遣人招諭」，據《校勘記》改。見《明太宗實錄校勘記》，第 200 頁。

作「屬縣七方等八峒」。《（萬曆）廣東通志》卷七〇：「（永樂三年）四月辛卯，廣東都司奏，瓊州府屬縣七方等八峒生黎八千五百人、崖州抱有等十八村一千餘戶，俱已向化。惟羅活諸峒生黎未歸。上命禮部，已歸附者，令有司善撫綏，未歸附者，仍遣人招諭。禮部遂奏，遣梧州府通判劉銘齎勅往諭之。」〔註283〕亦載此事，作「屬縣七方等八峒」。又據《（嘉靖）廣東通誌初藁》卷三六：「成化五年，儋州七方黎符那南亂，都指揮王瑴討平之。」〔註284〕《（萬曆）廣東通志》卷七〇：「（張）仁始領軍，削平大村、七方等峒。」〔註285〕則「七方」為峒名可知也。故當以「屬縣七方等八峒」為是。

（五三）遣知縣潘隆本齎勅撫諭〔註286〕。

今考，潘隆本，當作「潘隆」。辨證如下：

本傳此句敘事在永樂三年下，其取材不見今本《實錄》。《實錄》唯於《明太宗實錄》卷三七永樂二年十二月己卯條云：「遣知縣潘隆本齎勅撫諭廣東瓊州府黎峒生黎。」〔註287〕是永樂二年事。故黃彰健謂：「《明史》敘此事誤倒，致與下文生黎洞首隨劉銘來朝事不相銜接。」〔註288〕其實非也。檢《明史稿》云：「（永樂三年）九月，遣知縣潘隆本齎勅撫諭瓊州黎峒生黎。」〔註289〕若因《明太宗實錄》卷三七永樂二年十二月己卯條〔註290〕而誤，則不當前別署一「九月」。故本傳此句敘事在三年下者，蓋有所本。《（萬曆）廣東通志》卷七〇：「永樂二年冬十月，崖州監生潘隆建言招黎，願請行。十二月，授隆以知縣職名，齎勅撫諭瓊州府黎峒生黎。三年春三月，潘隆引本土人邢萬勝等赴京，復同領勅招撫。」〔註291〕《（萬曆）瓊州府志》卷七有《永樂三年招黎勅諭》云：「今特遣知縣潘隆、土人邢萬勝、陳亂、符添成、蒲幹、符添慶、

〔註283〕〔明〕郭棐：《（萬曆）廣東通志》卷七〇，明萬曆三十年刻本，葉一〇。
〔註284〕〔明〕戴璟修，〔明〕張岳纂：《（嘉靖）廣州通誌初藁》卷三六，明嘉靖刻本，葉四。
〔註285〕《（萬曆）廣東通志》卷七〇，葉八。
〔註286〕《明史》卷三一九，清乾隆四年武英殿刻本，葉一六。參見《明史》，中華書局1974年，第8272頁。
〔註287〕《明太宗實錄》，第633頁。
〔註288〕《廣西土司傳考證：明史纂誤三續》，《中國歷史研究》第2輯，第80頁。
〔註289〕《明史稿》第七冊，第207頁。
〔註290〕《明太宗實錄》，第633頁。
〔註291〕《（萬曆）廣東通志》卷七〇，葉九。

王歪頭齎勅往諭。」〔註292〕是永樂二年，永樂三年，分別遣知縣潘隆撫諭。蓋永樂三年三月潘隆始離廣東去往京師，九月領得招撫敕諭。

有關知縣潘隆之記載，又見於《（嘉靖）廣州通誌初藁》卷三六：「永樂二年，大學生潘隆建言招黎，詔與知縣職銜，俾賫檄往招之。」〔註293〕《（萬曆）瓊州府志》卷七：「永樂二年甲申，大學生崖州潘隆建議招黎，授以知縣職名，齎檄來諭。後無功伏誅。」〔註294〕《（萬曆）廣東通志》卷七〇有《王佐擬革土舍奏疏》：「永樂二年，有崖州已革寧遠縣歲貢生員潘隆建言招撫生黎事情，蒙與本生知縣官名，回還招撫。」〔註295〕皆稱其為「潘隆」。唯《實錄》稱為「潘隆本」，蓋衍「本」字。當以「潘隆」為是。

（五四）瓊山、臨高諸縣生黎峒首王罰、鍾異、王琳等來朝，命為主簿、巡檢〔註296〕。

今識，王琳，《實錄》作「王林」，當以「王琳」為是。辨證如下：

本傳此句，取材《明太宗實錄》卷五三永樂四年四月戊子條：「瓊州府瓊山、臨高諸縣生黎峒首王罰、鍾異、王林等來朝，命罰等為主簿、巡檢，賜冠帶鈔幣。」〔註297〕作「王林」。《校勘記》無異文，是今本《實錄》作「王林」。

檢《明史稿》，即作「王琳」〔註298〕。《（萬曆）廣東通志》卷七〇：「（永樂四年）夏四月戊子，瓊山、臨高諸縣生黎峒首王罰、鍾異王琳等來朝。命罰等為主簿、巡檢，賜冠帶鈔幣。」〔註299〕記錄該事，作「王琳」。《（萬曆）廣東通志》該句非《明史》之取材，而所書則與《明史》同，故知今本《實錄》傳抄有誤。當以「王琳」為是。

（五五）（永樂）九年，臨高縣典史王寄扶奉命招至生黎二千餘戶，

〔註292〕〔明〕歐陽璨修，〔明〕陳于宸纂：《（萬曆）瓊州府志》卷七，明萬曆刻本，葉四二。

〔註293〕《（嘉靖）廣州通誌初藁》卷三六，葉四。

〔註294〕《（萬曆）瓊州府志》卷七，葉四一。

〔註295〕《（萬曆）廣東通志》卷七〇，葉二四。

〔註296〕《明史》卷三一九，清乾隆四年武英殿刻本，葉一六。參見《明史》，中華書局1974年，第8272頁。

〔註297〕《明太宗實錄》，第799頁。

〔註298〕《明史稿》第七冊，第207頁。

〔註299〕《（萬曆）廣東通志》卷七〇，葉一一。

而以峒首王乃等來朝。命寄扶為縣主簿，并賜王乃等鈔〔註300〕。

今考，王寄扶為臨高縣吏，是否為典史則未知。辨證如下：

本傳此句，來源《明太宗實錄》卷一二二永樂九年十二月壬子條：「廣東瓊州府臨高縣吏王寄扶奉命招至生黎二千餘戶，而以峒首王乃等來朝。命寄扶為縣主簿，賜冠帶鈔幣，賜王乃等鈔有差。」〔註301〕以王寄扶為臨高縣吏。據《（康熙）臨高縣志》卷八：「有撫黎土舍王元愷、王儂狗、倪寬、王寄扶。」〔註302〕王寄扶為撫黎土舍。皆未言其為典史。

（五六）（永樂）十一年，瓊山縣東洋都民周孔洙招諭包黎等村黎人王觀巧等二百三十戶，願附籍為民。從之〔註303〕。

今考，周孔洙，當作「周孔珠」。辨證如下：

本傳此句之取材，《明太宗實錄》卷一三六永樂十一年正月庚子條：「廣東瓊山縣言，東洋都民周孔珠招諭包黎等村黎人王觀巧等二百三十戶，願附籍為民，從之。」〔註304〕作「周孔珠」。《（萬曆）廣東通志》卷七〇：「（永樂）十一年春正月，瓊山縣言東洋都民周孔珠招諭包黎等村黎人王觀巧等二百三十餘戶，願附籍為民。從之。」〔註305〕亦作「周孔珠」。故知「周孔洙」誤，當作「周孔珠」。

（五七）（永樂）十六年，感恩土知縣樓吉祿率峒首貢馬〔註306〕。

今考，樓吉祿，當作「樓吉福」。辨證如下：

本傳此句之取材，《明太宗實錄》卷二〇三永樂十六年八月乙未條：「瓊州府感恩縣土官知縣樓吉福等率生黎峒首來朝貢馬及方物，賜之鈔幣。」〔註307〕作「樓吉福」。檢《（萬曆）廣東通志》卷七〇：「（永樂）十五年秋八月乙

〔註300〕《明史》卷三一九，清乾隆四年武英殿刻本，葉一六。參見《明史》，中華書局1974年，第8272頁。

〔註301〕《明太宗實錄》，第1540頁。

〔註302〕《（康熙）臨高縣志》卷八，葉三。

〔註303〕《明史》卷三一九，清乾隆四年武英殿刻本，葉一六。參見《明史》，中華書局1974年，第8273頁。

〔註304〕《明太宗實錄》，第1658頁。

〔註305〕《（萬曆）廣東通志》卷七〇，葉一二。

〔註306〕《明史》卷三一九，清乾隆四年武英殿刻本，葉一七。參見《明史》，中華書局1974年，第8273頁。

〔註307〕《明太宗實錄》，第2101頁。

未，感恩縣土官知縣樓吉福等率生黎峒首來朝，貢馬及方物，賜之鈔幣。」〔註308〕作「樓吉福」。《（正德）瓊臺志》卷一六於「感恩縣學」下云：「《永樂志》，十二年，土人樓吉福葺新。」〔註309〕此樓吉福，或即永樂十六年貢馬之樓吉福也。職是之故，當以「樓吉福」為是。

> （五八）時崖州民以私忿相戰鬭，衛將利漁所欲，發兵剿之。瓊州知州王伯貞執不可，曰：「彼自相仇殺耳，非有寇城邑殺良民之惡，不足煩官軍。」衛將不從，伯貞乃遣寧遠縣丞黃童按視。果仇殺，逮治數人，黎人遂安〔註310〕。

今讞，本傳此句，置於永樂十九年後，易使人誤以為永樂十九年後事。其事實在建文年間。辨證如下：

本傳此句，取材《明太宗實錄》卷一七八永樂十四年七月戊戌條：「肇慶府知府王伯貞卒。伯貞，吉安泰和人……永樂初，用薦起知瓊州……崖州黎嘗私忿爭相戰鬥，衛將利於漁取欲，發兵勦之。伯貞執不可曰：『彼自相仇殺耳，非有寇城邑殺良民之惡，不足煩官軍。』衛將不從，伯貞議遣寧遠縣丞黃童視之。果仇殺也，獲首賊數人罪之，黎人遂安。」〔註311〕永樂十四年伯貞死。故絕非永樂十九年後事。觀《實錄》之敘述，事在永樂初伯貞知瓊州時。

《（正德）瓊臺志》卷三三云：「王伯貞……洪武壬戌以聘起，因論太極稱上意，授廣東按察司試僉事，實授工部主事。己卯復用薦起知瓊州，時年幾六十。」〔註312〕又卷二六於「先賢祠」下引「學士李東陽記」曰：「在治十五年以內艱去。」〔註313〕伯貞之來瓊實在洪武己卯，即建文元年。在治十五年而去，則其離瓊在永樂十一年左右。《（萬曆）瓊州府志》卷八：「洪武間，州黎殺人報讎。知府王伯貞捕讎殺者數人，遂定。」〔註314〕定該事為「洪武間」。自成祖廢建文年號，明代或諱言之，如《（乾隆）瓊州府志》卷二上：「建

〔註308〕 《（萬曆）廣東通志》卷七〇，葉一二。
〔註309〕 〔明〕唐冑修：《（正德）瓊臺志》卷一六，明正德刻本，葉二六。
〔註310〕 《明史》卷三一九，清乾隆四年武英殿刻本，葉一七。參見《明史》，中華書局1974年，第8273頁。
〔註311〕 《明太宗實錄》，第1938頁。
〔註312〕 《（正德）瓊臺志》卷三三，葉一七。
〔註313〕 《（正德）瓊臺志》卷二六，葉五。
〔註314〕 〔明〕歐陽璨修，〔明〕蔡光前纂：《（萬曆）瓊州府志》卷八，明萬曆刻本，葉四一。

文二年，知府王伯貞造講堂。」〔註315〕在《（萬曆）瓊州府志》則作「（洪武）庚辰」〔註316〕，即洪武二年。伯貞既在建文元年至瓊，則《（萬曆）瓊州府志》所言該事發生之「洪武間」，實為「建文間」明矣。

又附識者。前所引《（正德）瓊臺志》卷二六於「先賢祠」下引「學士李東陽記」曰：「在治十五年以內艱去。」〔註317〕在治，今整理本《李東陽集》作「弘治」〔註318〕。庫本《懷麓堂集》卷六五文後稿五《重修瓊州府二賢祠記》：「弘治十五年以內艱去。」〔註319〕亦作「弘治」。檢中國國家圖書館藏明正德刻本《懷麓堂文後藁》卷五《重修瓊州府二賢祠記》：「王公諱泰，字伯貞，以字行。吉之泰和人。洪武間，以前戶部主事起知瓊郡。為政寬簡，崖州黎殺人報讐，府衛以反聞，欲兵之。公保其無他，捕讐殺者數人，遂定……在治十五年以內艱去。民號泣，攀送十餘里不絕。」〔註320〕正作「在治」。且以情理推之，永樂十四年伯貞卒，則絕非「弘治」。

（五九）瓊州知州王伯貞執不可〔註321〕。

舊考，四庫館臣：「瓊州知府王伯貞執不可。臣章宗瀛按，洪武二年曾以瓊州為州。其明年遂改府。傳作知州者誤。謹據《統志》、《地理志》改。」〔註322〕

今按，是也。《明史·地理志》：「瓊州府……洪武元年十月改為瓊州府。二年降為州。三年仍升為府。」〔註323〕是瓊州為府。《（萬曆）瓊州府志》卷八：「洪武間，州黎殺人報讐。知府王伯貞捕讐殺者數人，遂定。」〔註324〕

〔註315〕〔清〕蕭應植修，〔清〕陳國華纂：《（乾隆）瓊州府志》卷二上，清乾隆刻本，葉三九。

〔註316〕《（萬曆）瓊州府志》卷六，葉四。

〔註317〕《（正德）瓊臺志》卷二六，葉五。

〔註318〕〔明〕李東陽撰，周寅賓校點：《李東陽集》第三冊，嶽麓書社 2008 年，第 986 頁。

〔註319〕〔明〕李東陽：《懷麓堂集》，《景印文淵閣四庫全書》第 1250 冊，臺灣商務印書館 1983 年，第 674 頁。

〔註320〕〔明〕李東陽：《懷麓堂文後藁》卷五，中國國家圖書館藏明正德刻本，葉一。

〔註321〕《明史》卷三一九，清乾隆四年武英殿刻本，葉一七。參見《明史》，中華書局 1974 年，第 8273 頁。

〔註322〕《明史》，《景印文淵閣四庫全書》第 302 冊，第 618 頁。

〔註323〕《明史》卷四五，清乾隆四年武英殿刻本，葉一七。參見《明史》，中華書局 1974 年，第 1145 頁。

〔註324〕《（萬曆）瓊州府志》卷八，葉四一。

稱伯貞為知府。

（六〇）爾能繼承父志，亦既有年〔註325〕。

今考，父，當作「祖父」。辨證如下：

本傳此句之取材，《明英宗實錄》卷二一七景泰三年六月己卯條：「勅廣東瓊州府萬州土官判官王琥曰：朝廷昔以爾祖父能招撫黎人嚮化，故特授以土官職事。爾能繼承其志，榮授官職，亦既有年。」〔註326〕王琥承襲資料，徧檢羣書未詳。然據《實錄》所言，是繼其祖父之職，故曰繼承祖父之志，《明史》則改稱「繼承父志」，殆未為協。按《明史稿》已改稱「父」〔註327〕。

（六一）弘治二年，崖州故土官陳迪孫冠帶舍人陳崇祐朝貢〔註328〕。

今考，《實錄》繫此事在弘治元年，作「崇佑」。辨證如下：

《明孝宗實錄》卷一五弘治元年六月戊申條：「廣東崖州故土官縣丞陳迪之孫冠帶舍人崇佑率黎首人等貢土產方物。」〔註329〕作「崇佑」，且繫其年於弘治元年。與此不同，蓋當以《實錄》為是。而《明史稿》已繫在二年，且作「崇祐」〔註330〕。不識何據也。

又識，中華書局標點本標點為：「崖州故土官陳迪孫、冠帶舍人陳崇祐朝貢。」〔註331〕，以為二人，誤。

（六二）嘉靖十九年，總督蔡經以崖、萬二州黎岐叛亂，攻逼城邑，請設參將一員，駐箚瓊州分守〔註332〕。

舊考，四庫館臣：「臣章宗瀛按《張經傳》，于嘉靖十六年總督兩廣，嗣以平瓊州黎加兵部尚書。史誤『張』為『蔡』，謹據改。」〔註333〕

〔註325〕《明史》卷三一九，清乾隆四年武英殿刻本，葉一八。參見《明史》，中華書局1974年，第8274頁。
〔註326〕《明英宗實錄》，第4685頁。
〔註327〕《明史稿》第七冊，第208頁。
〔註328〕《明史》卷三一九，清乾隆四年武英殿刻本，葉一八。參見《明史》，中華書局1974年，第8274頁。
〔註329〕《明孝宗實錄》，第376頁。
〔註330〕《明史稿》第七冊，第208頁。
〔註331〕《明史》，中華書局1974年，第8274頁。
〔註332〕《明史》卷三一九，清乾隆四年武英殿刻本，葉一八。參見《明史》，中華書局1974年，第8275頁。
〔註333〕《明史》，《景印文淵閣四庫全書》第302冊，第618頁。

今按，不改為是。中華書局點校本〔註334〕、黃雲眉〔註335〕、黃彰健〔註336〕皆以為不改。《明世宗實錄》卷二三八嘉靖十九年六月戊辰條〔註337〕、《明史稿》皆作「蔡經」〔註338〕。中華書局本《校勘記》於《思明傳》下云：「蔡經，本書卷一九八《翁萬達傳》作『張經』。按卷二〇五《張經傳》稱，『初冒蔡姓，久之乃復』，是張經亦稱『蔡經』。」〔註339〕是也。《國朝列卿紀》卷一〇七《總督兩廣尚書侍郎都御史年表》作「蔡經」〔註340〕。又卷一〇〇《勑使江南尚書侍郎都御史行實》：「張經，即蔡經」〔註341〕《思明傳》相關部分源出當時人田汝成《行邊紀聞》，作「都御史蔡經」〔註342〕。蓋張經在兩廣任上時，用蔡姓。參見《思明傳》考證。

（六三）瓊州諸黎盤居山峒，而州縣反環其外〔註343〕。

舊考，四庫館臣：「『居』改『踞』。」〔註344〕

今按，《明世宗實錄》卷三五一嘉靖二十八年八月庚申條：「瓊州諸黎盤踞山峒中，而州縣反環其外。」〔註345〕用「盤踞」更協原意。

（六四）嘉靖庚子，又嘗大渡師徒，攻毀巢岡，無處不至〔註346〕。

舊考，岡，庫本作「崗」〔註347〕。

今按，岡，當作「峒」。《明世宗實錄》卷三五一嘉靖二十八年八月庚申條：「嘉靖庚子，又嘗大渡師徒，攻毀巢峒，無處不至矣。」〔註348〕原作「巢

〔註334〕《明史》，中華書局 1974 年，第 8275 頁。
〔註335〕《明史考證》，第 2518 頁。
〔註336〕《廣西土司傳考證：明史纂誤三續》，《中國歷史研究》第 2 輯，第 80 頁。
〔註337〕《明世宗實錄》，第 4836 頁。原作「葵經」，《校勘記》參校諸本，知應是「蔡經」。見《明世宗實錄校勘記》，第 1403 頁。
〔註338〕《明史稿》第七冊，第 208 頁。
〔註339〕《明史》，中華書局 1974 年，第 8255 頁。
〔註340〕《國朝列卿紀》，《四庫全書存目叢書》史部第 94 冊，第 321 頁。
〔註341〕《國朝列卿紀》，《四庫全書存目叢書》史部第 94 冊，第 223 頁。
〔註342〕《行邊紀聞》，《中華文史叢書》之二三，第 454 頁。
〔註343〕《明史》卷三一九，清乾隆四年武英殿刻本，葉一九。參見《明史》，中華書局 1974 年，第 8275 頁。
〔註344〕《明史考證攟逸》，《續修四庫全書》第 294 冊，第 423 頁。
〔註345〕《明世宗實錄》，第 6347 頁。
〔註346〕《明史》卷三一九，清乾隆四年武英殿刻本，葉一九。參見《明史》，中華書局 1974 年，第 8275 頁。
〔註347〕《明史》，《景印文淵閣四庫全書》第 302 冊，第 615 頁。
〔註348〕《明世宗實錄》，第 6349 頁。

峒」，即「巢峒」也。峒者，相對於「巢」言之，指少數民族山中住地。而「巢岡」之言則不辭。《明史稿》已訛作「巢岡」〔註349〕，而《明史》沿襲之。蓋四庫館臣欲改之作「巢峒」，而反轉訛為「巢崗」矣。今宜正之。

（六五）惟東南連郎溫腳二峒岐賊〔註350〕。

舊考，四庫館臣：「『溫』下增『嶺』字。」〔註351〕中華書局：「惟東面連郎溫嶺腳二峒岐賊。原作『惟東南連郎溫腳二峒岐賊』，『東面』誤『東南』，『溫』下脫『嶺』字，據《世宗實錄》卷三五一嘉靖二十八年八月庚申條、《國榷》卷五九頁三七三八、《讀史方輿紀要》卷一〇五陵水縣獨秀山條改補。『郎溫』，《國榷》作『瑯瑥』。」〔註352〕

今按，是也。《明世宗實錄》卷三五一嘉靖二十八年八月庚申條：「惟東面連郎溫、嶺腳二峒岐賊。」〔註353〕《（萬曆）廣東通志》卷七〇收有《給事中鄭廷鵠奏疏》，謂：「崖黎地方大勢，南出崖州，西出感恩，西北出昌化，北抵凡陽、黎岐，東通郎溫、嶺腳二峒。」〔註354〕皆謂郎溫、嶺腳在東面。《正氣堂集》卷三《嶺腳峒宜遷巡檢司之圖》：「右椰艮、郎溫、嶺腳、黎停四峒。」〔註355〕結合《廣東通志》觀此圖，則在東面明矣。《明史稿》已作「東南」〔註356〕，蓋涉《五邊典則》〔註357〕、《國朝典彙》〔註358〕作「東南」而誤矣。

（六六）實當萬州、陵水之衝〔註359〕。

今識，中華書局點校本點作：「實當萬州陵水之衝。」〔註360〕誤。萬州、陵水各為一縣，見《（萬曆）瓊州府志》〔註361〕。

〔註349〕《明史稿》第七冊，第 208 頁。
〔註350〕《明史》卷三一九，清乾隆四年武英殿刻本，葉一九。參見《明史》，中華書局 1974 年，第 8275 頁。
〔註351〕《明史考證攟逸》，《續修四庫全書》第 294 冊，第 423 頁。
〔註352〕《明史》，中華書局 1974 年，第 8278 頁。
〔註353〕《明世宗實錄》，第 6349 頁。
〔註354〕《（萬曆）廣東通志》卷七〇，葉三二。
〔註355〕《正氣堂集》，《四庫未收書輯刊》伍輯第 20 冊，第 151 頁。
〔註356〕《明史稿》第七冊，第 208 頁。
〔註357〕《五邊典則》，《四庫禁燬書叢刊》史部第 26 冊，第 639 頁。
〔註358〕《國朝典彙》，《四庫全書存目叢書》史部第 266 冊，第 712 頁。
〔註359〕《明史》卷三一九，清乾隆四年武英殿刻本，葉一九。參見《明史》，中華書局 1974 年，第 8275 頁。
〔註360〕《明史》，中華書局 1974 年，第 8275 頁。
〔註361〕《（萬曆）瓊州府志》卷六，葉三六。

（六七）崖賊被攻，必借二峒東江以分我兵勢〔註362〕。

舊考，中華書局：「必借二峒東訌以分我兵勢。東訌，原作『東江』，據《世宗實錄》卷三五一嘉靖二十八年八月庚申條改。」〔註363〕

今按，是也。《明世宗實錄》卷三五一嘉靖二十八年八月庚申條：「崖賊被攻，必借二峒東訌以分我兵勢。」〔註364〕《（萬曆）廣東通志》卷七〇收有《給事中鄭廷鵠奏疏》，謂：「夷賊若被攻甚急，其合二峒以擾我陵水必矣。」〔註365〕《明史稿》已作「東江」〔註366〕。

（六八）仍由羅活、磨斬開路，以達安定〔註367〕。

舊考，中華書局：「以達定安。定安，原作『安定』，據《世宗實錄》卷三五一嘉靖二十八年八月庚申條改。」〔註368〕

今按，是也。《明世宗實錄》卷三五一嘉靖二十八年八月庚申條：「仍由羅活、磨斬開路，以達定安。」〔註369〕作「定安」，瓊州有定安縣。《（萬曆）廣東通志》卷七〇收有《給事中鄭廷鵠奏疏》：「又由羅活、磨斬開路，以達安定。」〔註370〕作「安定」。《明史稿》亦作「安定」〔註371〕，皆誤倒。

（六九）（嘉靖）二十九年，總兵官陳圭、總督歐陽必進等督兵進剿，斬賊五千三百八十級，俘一千四十九人，奪牛羊器械倍之，招撫三百七十六人〔註372〕。

今考，「三百七十六人」為「三千七百七十六人」之譌。辨證如下：

《明世宗實錄》卷三六三嘉靖二十九年七月辛丑條：「是歲三月中，總兵官平江伯陳圭、提督侍郎歐陽必進等督兵進勦。前後擒斬首從賊五千三百八

〔註362〕《明史》卷三一九，清乾隆四年武英殿刻本，葉一九。參見《明史》，中華書局1974年，第8276頁。

〔註363〕《明史》，中華書局1974年，第8278頁。

〔註364〕《明世宗實錄》，第6349頁。

〔註365〕《（萬曆）廣東通志》卷七〇，葉三二。

〔註366〕《明史稿》第七冊，第208頁。

〔註367〕《明史》卷三一九，清乾隆四年武英殿刻本，葉一九。參見《明史》，中華書局1974年，第8276頁。

〔註368〕《明史》，中華書局1974年，第8278頁。

〔註369〕《明世宗實錄》，第6350頁。

〔註370〕《（萬曆）廣東通志》卷七〇，葉三二。

〔註371〕《明史稿》第七冊，第208頁。

〔註372〕《明史》卷三一九，清乾隆四年武英殿刻本，葉一九。參見《明史》，中華書局1974年，第8276頁。

十名顆，俘獲賊属一千四十九名口，奪獲牛隻器械倍之，招撫男丁三千七百七十六名。」〔註373〕作招撫三千七百七十六名。歐陽必進嘉靖二十九年五月二十九日《欽差提督兩廣軍務兼理巡撫兵部右侍郎兼都察院右副都御史臣歐陽□為剿平黎賊查覈功罪以明賞罰事》奏疏：「茲三月之間，前後擒斬……招撫安插，除老幼并婦女及以後續到不計外，計男丁三千七百七十六名。」〔註374〕作招撫三千七百七十六名。故知「三百七十六人」為「三千七百七十六人」之譌。檢《明史稿》，已訛作「三百七十六人」〔註375〕。

（七〇）草子坡諸黎召眾來報復，戰於長沙營，斬黎首百餘級〔註376〕。

今考，百餘級，實為八十級。辨證如下：

本段此句取材於《蠻司合誌》卷一五：「會草子坡諸黎喜報復，召眾來寇，戰于長沙營。于是兵備使提兵出白禿嶺，同知董志毅提兵出萬州，訓導林立提兵出萬陵，共斬首百餘級。」〔註377〕，而《蠻司合誌》此段文字，乃節錄自《萬曆武功錄》卷三之《黎岐列傳》，原作「大率斬首八十級」〔註378〕。

〔註373〕《明世宗實錄》，第 6463 頁。
〔註374〕〔明〕歐陽必進撰，〔明〕方民悅輯：《交黎剿平事略》卷四，《四庫全書存目叢書》史部第 49 冊，第 515、527 頁。
〔註375〕《明史稿》第七冊，第 209 頁。
〔註376〕《明史》卷三一九，清乾隆四年武英殿刻本，葉一九。參見《明史》，中華書局 1974 年，第 8276 頁。
〔註377〕《蠻司合誌》，《中國少數民族古籍集成（漢文版）》第二冊，第 248 頁。
〔註378〕《萬曆武功錄》，《續修四庫全書》第 436 冊，第 250 頁。

徵引文獻

1.《百夷傳》，〔明〕錢古訓撰。《四庫全書存目叢書》史部第 255 冊，濟南：齊魯書社，1997 年。

2.《本朝分省人物考》，〔明〕過庭訓撰。《續修四庫全書》第 534 冊，上海：上海古籍出版社，2002 年。

3.《僰古通紀淺述校注》，題〔元〕趙順著，尤中校注。昆明：雲南人民出版社，1989 年。

4.《重刊荊川先生文集》，〔明〕唐順之撰。《四部叢刊初編》第 1588 冊影上海涵芬樓藏明萬曆刻本，上海：商務印書館，1922 年。

5.《（崇禎）吳興備志》，〔明〕董斯張纂修。清康熙抄本。

6.《崇禎長編》，臺北：臺灣史語所，1962 年。

7.《大明會典》，〔明〕申時行等修，〔明〕趙用賢等纂。《續修四庫全書》第 791 冊，上海：上海古籍出版社，2002 年。

8.《大明清類天文分野之書》，〔明〕劉基等撰。《續修四庫全書》第 586 冊，上海：上海古籍出版社，2002 年。

9.《大明一統志》，〔明〕李賢等撰。西安：三秦出版社，1990 年。

10.《大元混一方輿勝覽》，〔元〕劉應李撰。成都：四川大學出版社，2003 年。

11.《岱史》，〔明〕查志隆撰。《四庫禁毀書叢刊》史部第 11 冊，北京：北京出版社，1997 年。

12.《滇考》，〔清〕馮甦撰。《中華文史叢書》之二二，臺北：臺灣華文書局，1968 年。

13. 《滇略》，〔明〕謝肇淛撰。《景印文淵閣四庫全書》第 494 冊，臺北：臺灣商務印書館，1983 年。

14. 《滇南慟哭記》，《繼志齋集》，〔明〕王紳撰。《景印文淵閣四庫全書》第 1234 冊，臺北：臺灣商務印書館，1983 年。

15. 《滇史》，〔明〕諸葛元聲撰，劉亞朝校點。芒市：德宏民族出版社，1994 年。

16. 《滇雲歷年傳》，〔清〕倪蛻撰。昆明：雲南大學出版社，1992 年。

17. 《滇載記》，〔明〕楊慎撰。上海：商務印書館，1936 年。

18. 《殿閣詞林記》，〔明〕黃佐、〔明〕廖道南撰。《景印文淵閣四庫全書》第 452 冊，臺北：臺灣商務印書館，1986 年。

19. 《東南亞的貿易時代：1450～1680 年（第二卷，擴張與危機）》，〔澳〕安東尼・瑞德著，孫來臣、李塔娜、吳小安譯。北京：商務印書館，2017 年。

20. 《讀史方輿紀要》，〔清〕顧祖禹撰。北京：中華書局，2005 年。

21. 《方輿考證》，〔清〕許鴻磐撰。濟寧潘氏華鑒閣民國七至二十一年刻本。

22. 《方輿勝覽》，〔宋〕祝穆撰。北京：中華書局，2003 年。

23. 《鳳公世系記》，〔明〕徐進撰。方國瑜：《雲南史料目錄概說》，中華書局 1984 年，第 1195 頁。

24. 《陔餘叢考》，〔清〕趙翼撰。上海：商務印書館，1957 年。

25. 《高氏族譜・宗枝圖》。方國瑜：《雲南史料叢刊》第 5 卷，昆明：雲南大學出版社，2001 年，第 479 頁。

26. 《穀城山館文集》，〔明〕于慎行撰。《四庫存目叢書》集部第 147 冊，濟南：齊魯書社，1997 年。

27. 《（光緒）續修順甯府志》，〔清〕黨蒙修，周宗洛纂。清光緒刊本。

28. 《（光緒）增修甘泉縣志》，〔清〕徐成敺修，〔清〕陳浩恩纂。清光緒七年刻本。

29. 《廣西名勝志》，〔明〕曹學佺撰。《續修四庫全書》第 735 冊，上海：上海古籍出版社，2002 年。

30. 《廣西土司傳考證：明史纂誤三續》，黃彰健撰。《中國歷史研究》第 2 輯，北京：書目文獻出版社，1986 年，第 61～80 頁。

31.《廣陽雜記》,〔清〕劉獻廷撰。北京:中華書局,1957 年。

32.《廣輿記》,〔明〕陸應陽撰,〔清〕蔡方炳增輯。《四庫全書存目叢書》史部第 173 冊,濟南:齊魯書社 1997 年,第 386 頁。

33.《廣韻校本》,周祖謨撰。北京:中華書局,1960 年。

34.《郭襄靖公遺集》,〔明〕郭應聘撰。《續修四庫全書》第 1349 冊,上海:上海古籍出版社,2002 年。

35.《國朝典彙》,〔明〕徐學聚撰。《四庫全書存目叢書》史部第 266 冊,濟南:齊魯書社 1997 年。

36.《國朝列卿紀》,〔明〕雷禮撰。《四庫全書存目叢書》史部第 94 冊,濟南:齊魯書社 1996 年。

37.《國朝王景常黔甯昭靖王祠堂碑》,〔明〕王景常撰。〔明〕李元陽:《(萬曆)雲南通志》,郭惠青、李公等:《大理叢書·方志篇》卷一,北京:民族出版社,2007 年。

38.《國朝獻徵錄》,〔明〕焦竑撰。周駿富:《明代傳記叢刊》第 109～114 冊,臺北:臺灣明文書局,1991 年。

39.《國榷》,〔清〕談遷撰。北京:中華書局,1958 年。

40.《韓門綴學》,〔清〕汪師韓撰。《續修四庫全書》第 1147 冊,上海:上海古籍出版社,2002 年。

41.《漢書》,〔漢〕班固撰,〔唐〕顏師古注。北京:中華書局,1962 年。

42.《何文簡疏議》,〔明〕何孟春撰。《景印文淵閣四庫全書》第 429 冊,臺北:臺灣商務印書館,1986 年。

43.《洪武正韻》,〔明〕樂韶鳳等撰。美國哈佛大學漢和圖書館藏嘉靖四十年劉以節刊本。

44.《鴻猷錄》,〔明〕高岱撰。上海:上海古籍出版社,1992 年。

45.《懷麓堂集》,〔明〕李東陽撰。《景印文淵閣四庫全書》第 1250 冊,臺北:臺灣商務印書館,1986 年。

46.《寰宇通志》,〔明〕陳循撰。《玄覽堂叢書續集》第 18 冊,臺北:正中書局,1985 年。

47.《皇明大政紀》,〔明〕雷禮等輯。《四庫全書存目叢書》史部第 8 冊,濟南:齊魯書社,1996 年。

48.《皇明詔令》,〔明〕佚名輯。《四庫全書存目叢書》史部第 58 冊,濟南:
　　齊魯書社,1996 年。

49.《恢復古田縣治議處善後疏》,《吳司馬奏議》,〔明〕吳桂芳撰。〔明〕陳
　　子龍:《皇明經世文編》,《續修四庫全書》第 1660 冊,上海:上海古籍
　　出版社,2002 年。

50.《(嘉靖)大理府志》,〔明〕李元陽纂修。大理:大理白族自治州文化局,
　　1983 年。

51.《(嘉靖)廣西通志》,〔明〕林富修,〔明〕黃佐纂。明嘉靖十年刻本。

52.《(嘉靖)南寧府志》,〔明〕方瑜纂修。明嘉靖四十三年刻本。

53.《(嘉靖)普安州志》,〔明〕高廷愉纂修。《天一閣藏明代方志選刊》,上
　　海:上海古籍書店,1961 年。

54.《(嘉靖)四川總志》,〔明〕劉大謨、〔明〕楊慎等纂修。明嘉靖刻本。

55.《(嘉靖)尋甸府志》,〔明〕王尚用修,〔明〕陳梓纂。明嘉靖刻本。

56.《建武定城垣府治記》,〔明〕陳善撰。〔明〕李元陽:《(萬曆)雲南通志》,
　　郭惠青、李公等:《大理叢書·方志篇》卷一,北京:民族出版社,2007
　　年。

57.《椒邱文集》,〔明〕何喬新撰。《景印文淵閣四庫全書》第 1249 冊,臺北:
　　臺灣商務印書館 1986 年。

58.《校合本大越史記全書(上)》,〔越南〕吳士連等撰,陳荊和編校。日本
　　東京大學東洋文化研究所東洋文獻刊行委員會 1984 年排印本。

59.《金東山文集》,〔清〕金門詔撰。中國國家圖書館藏清乾隆刻本。

60.《晉溪本兵敷奏》,〔明〕王瓊撰。《四庫全書存目叢書》史部第 59 冊,濟
　　南:齊魯書社,1996 年。

61.《(景泰)雲南圖經志》,〔明〕陳文纂修。郭惠青、李公等:《大理叢書·
　　方志篇》卷一,北京:民族出版社,2007 年。

62.《舊唐書》,〔後晉〕劉昫等撰。北京:中華書局,1975 年。

63.《(康熙)楚雄府志》,〔清〕張嘉穎等纂修。《中國地方志集成·雲南府縣
　　志輯》第 58 冊,鳳凰出版社、上海書店、巴蜀書社,2009 年。

64.《(康熙)定邊縣志》,〔清〕楊書纂修。郭惠青、李公等:《大理叢書·方
　　志篇》卷七,北京:民族出版社,2007 年。

65.《(康熙)平樂縣志》,〔清〕黃大成纂修。清康熙五十六年刻本。

66.《(康熙)武定府志》,〔清〕王清賢修,〔清〕陳淳纂。清康熙二十八年刻本。

67.《(康熙)雲南府志》,〔清〕范承勳等纂修。《中國地方志集成·雲南府縣志輯》第1冊,鳳凰出版社、上海書店、巴蜀書社,2009年。

68.《(康熙)雲南通志》,〔清〕范承勳、吳自肅纂修。康熙三十年刻本。

69.《瀾滄江名稱小考》,東方既曉撰。白華、耿嘉主編:《雲南文史博覽》,昆明:雲南人民出版社,2003年。

70.《老撾異名考》,陳碧笙撰。《中國古代史論叢》1981年第1輯,福州:福建人民出版社,1981年。

71.《黎文僖公集》,〔明〕黎淳撰。《續修四庫全書》第1330冊,上海:上海古籍出版社,2002年。

72.《六詔紀聞》,〔明〕彭汝實撰。《四庫全書存目叢書》子部第162冊,濟南:齊魯書社,1996年。

73.《(隆慶)楚雄府志》,〔明〕張澤等撰。《日本藏中國罕見地方志叢刊》,北京:書目文獻出版,1992年。

74.《祿勸縣民族調查》,繆鸞和撰。方國瑜:《雲南史料叢刊》第13卷,昆明:雲南大學出版社,2001年,第434~462頁。

75.《論土司地區的國家認同》,陳季君撰。《中國史研究》,2017年第1期,第23~34頁。

76.《蠻書校注》,〔唐〕樊綽撰,向達校注。北京:中華書局,1962年。

77.《蠻司合志》,〔清〕毛奇齡撰。季羨林、徐麗華等:《中國少數民族古籍集成(漢文版)》第二冊,成都:四川民族出版社,2002年。

78.《毛襄懋先生文集》,〔明〕毛伯溫撰。《四庫全書存目叢書》集部第63冊,濟南:齊魯書社,1997年。

79.《麼些民族考》,方國瑜撰。李紹明、程賢敏:《西南民族研究論文選》,成都:四川大學出版社,1991年,第279頁。

80.《(民國)祿勸縣志》,〔民國〕許實纂修。民國十四年鉛印本。

81.《(民國)石屏縣志》,〔民國〕袁嘉穀纂修。民國二十七年鉛印本。

82.《(民國)順寧縣志初稿》,〔民國〕張間德修,〔民國〕楊香池纂。鈔本。

83.《(民國)新纂雲南通志》，龍雲修，周鍾嶽等纂。民國三十八年鉛印本。

84.《明臣謚考》，〔明〕鮑應鰲撰。《景印文淵閣四庫全書》第 651 冊，臺北：臺灣商務印書館，1983 年。

85.《明光宗實錄》，臺北：臺灣史語所，1962 年。

86.《明光宗實錄校勘記》，臺北：臺灣史語所，1962 年。

87.《明穆宗實錄》，臺北：臺灣史語所，1962 年。

88.《明穆宗實錄校勘記》，臺北：臺灣史語所，1962 年。

89.《明黔寧王沐氏世襲事略》，〔清〕張履程撰。〔清〕王崧：《雲南備徵志》，臺北：成文出版社，1967 年。

90.《明清史料乙編》第七本，北京：國立中央研究院歷史語言研究所，民國19 年（1930）。

91.《明仁宗實錄》，臺北：臺灣史語所，1962 年。

92.《明仁宗實錄校勘記》，臺北：臺灣史語所，1962 年。

93.《明神宗實錄》，臺北：臺灣史語所，1962 年。

94.《明神宗實錄校勘記》，臺北：臺灣史語所，1962 年。

95.《明史》，〔清〕萬斯同撰。《續修四庫全書》第 324～331 冊，上海：上海古籍出版社，2002 年。

96.《明史》，〔清〕張廷玉等撰。《景印文淵閣四庫全書》第 297～302 冊，臺北：臺灣商務印書館，1983 年。

97.《明史》，〔清〕張廷玉等撰。北京：中華書局，1974 年。

98.《明史》，〔清〕張廷玉等撰。美國哈佛燕京圖書館藏清乾隆四年武英殿刻本。

99.《明史編纂考略》，《史學雜稿訂存》，黃雲眉撰。濟南：齊魯書社，1980 年。

100.《明史稿》，〔清〕王鴻緒撰。臺北：文海出版社，1962 年。

101.《明史廣西土司傳論說》，黃明光撰。《廣西民族研究》1988 年第 2 期，第 69～79 頁。

102.《明史廣西土司傳校補》，胡起望撰。《民族研究》，1979 年第 2 期，第 46～49 頁。

103.《明史廣西土司傳續考》，黃明光撰。《中央民族學院學報》1989 年第 4 期，第 33～39 頁。

104.《明史貴州土司列傳考證》，翟玉前、孫俊撰。貴陽：貴州人民出版社，2008 年。

105.《明史紀事本末》，〔清〕谷應泰撰。北京：中華書局，1977 年。

106.《明史考證》，黃雲眉撰。北京：中華書局，1979 年。

107.《明史考證攟逸》，〔清〕王頌蔚撰。《續修四庫全書》第 294 冊，上海：上海古籍出版社，2002 年。

108.《明史四川土司傳一考誤》，賀祥明撰。《成都師範學院學報》2015 年 4 期，第 100～104 頁。

109.《明史四川土司傳一松潘衛考誤》，賀祥明撰。《牡丹江大學學報》2015 年第 5 期，第 34～36 頁。

110.《明史土司傳柳州史事繫年辨誤》，劉漢忠撰。《廣西地方志》1995 年第 5 期，第 58 頁。

111.《明史雲南土司傳箋注》，龔蔭撰。昆明：雲南民族出版社，1988 年。

112.《明史雲南土司傳校正一則》，楊寶康撰。《史學月刊》1992 年第 6 期，第 66 頁。

113.《明史雲南土司傳校正一則》，者吉中撰。《思想戰線》1989 年第 1 期，第 94 頁。

114.《明史纂誤再續》，黃彰健撰。《臺灣中央研究院歷史語言研究所集刊》，1967 年，第 511～575 頁。

115.《明世宗實錄》，臺北：臺灣史語所，1962 年。

116.《明世宗實錄校勘記》，臺北：臺灣史語所，1962 年。

117.《明太宗實錄》，臺北：臺灣史語所，1962 年。

118.《明太宗實錄校勘記》，臺北：臺灣史語所，1962 年。

119.《明太祖實錄》，臺北：臺灣史語所，1962 年。

120.《明太祖實錄校勘記》，臺北：臺灣史語所，1962 年。

121.《明武宗實錄》，臺北：臺灣史語所，1962 年。

122.《明武宗實錄校勘記》，臺北：臺灣史語所，1962 年。

123.《明熹宗實錄》，臺北：臺灣史語所，1962 年。

124.《明熹宗實錄校勘記》，臺北：臺灣史語所，1962 年。

125.《明憲宗實錄》，臺北：臺灣史語所，1962 年。

126.《明憲宗實錄校勘記》，臺北：臺灣史語所，1962 年。

127.《明孝宗實錄》，臺北：臺灣史語所，1962 年。

128.《明孝宗實錄校勘記》，臺北：臺灣史語所，1962 年。

129.《明宣宗實錄》，臺北：臺灣史語所，1962 年。

130.《明宣宗實錄校勘記》，臺北：臺灣史語所，1962 年。

131.《明一統志》，〔明〕李賢等撰。《景印文淵閣四庫全書》第 473 冊，臺北：
臺灣商務印書館，1983 年。

132.《明英宗實錄》，臺北：臺灣史語所，1962 年。

133.《明英宗實錄校勘記》，臺北：臺灣史語所，1962 年。

134.《木氏宦譜》，昆明：雲南美術出版社，2001 年。

135.《南疆逸史》，〔清〕溫睿臨撰。北京：中華書局，1959 年。

136.《南明史》，錢海岳撰。北京：中華書局，2006 年。

137.《南園漫錄》，〔明〕張志淳撰。《景印文淵閣四庫全書》第 867 冊，臺北：
臺灣商務印書館 1986 年。

138.《南詔德化碑》，〔南詔〕鄭回撰。張樹芳等編：《大理叢書·金石篇》第
10 冊，北京：中國社會科學出版社，1993 年，第 4 頁。

139.《南詔野史》，〔明〕楊慎撰。臺北：成文出版社，1968 年。

140.《南詔野史會證》，木芹撰。昆明：雲南人民出版社，1990 年。

141.《蓬窗日錄》，〔明〕陳全之撰。《續修四庫全書》第 1125 冊，上海：上海
古籍出版社，2002 年。

142.《平斷藤峽碑》，〔明〕郭文經撰。〔清〕汪森：《粵西文載》，《景印文淵閣
四庫全書》第 1466 冊，臺北：臺灣商務印書館，1986 年，第 457 頁。

143.《平古田大功碑》，〔明〕張翀撰。〔清〕汪森：《粵西文載》，《景印文淵閣
四庫全書》第 1466 冊，臺北：臺灣商務印書館，1986 年，第 460 頁。

144.《平蠻碑》，〔明〕林大春撰。〔清〕屈大均：《廣東文選》，《四庫禁燬書叢
刊》集部第 136 冊，北京：北京出版社，2000 年，第 652 頁。

145.《平蠻碑》，〔明〕王錫爵撰。〔清〕汪森：《粵西文載》，《景印文淵閣四庫
全書》第 1466 冊，臺北：臺灣商務印書館，1986 年，第 465 頁。

146.《平黔三記》，〔明〕趙汝濂撰。《四庫全書存目叢書》史部第 49 冊，濟南：
齊魯書社，1996 年。

147.《平雲南碑》，《雪樓集》，〔元〕程文海撰。《景印文淵閣四庫全書》第 1202
    冊，臺北：臺灣商務印書館，1983 年。

148.《破詭偽》，〔明〕楊南金撰。〔明〕沈一貫：《喙鳴文集》，《四庫禁燬書叢
    刊》集部第 176 冊，北京：北京出版社，1997 年，第 359 頁。

149.《（乾隆）湖南通志》，〔清〕陳宏謀修，〔清〕歐陽正煥纂。清乾隆二十二
    年刻本。

150.《（乾隆）柳州府志》，〔清〕王錦修，〔清〕吳光昇纂。清乾隆二十九年刻
    本。

151.《（乾隆）永北府志》，〔清〕陳奇典修，〔清〕劉慥纂。乾隆三十年刻本。

152.《黔寧昭靖王廟碑》，《巽隱集》，〔明〕程本立撰。《景印文淵閣四庫全書》
    第 1236 冊，臺北：臺灣商務印書館，1983 年。

153.《欽定大清一統志》，〔清〕和珅等撰。《景印文淵閣四庫全書》第 483 冊，
    臺北：臺灣商務印書館，1986 年。

154.《欽定四庫全書明史考證》，〔清〕嚴福、方煒等撰。《景印文淵閣四庫全
    書》第 302 冊（附於《明史》列傳每卷卷末），臺北：臺灣商務印書館，
    1983 年。

155.《全邊略記》，〔明〕方孔炤撰。《續修四庫全書》第 738 冊，上海：上海
    古籍出版社，2002 年。

156.《三靈廟記》，〔明〕楊安道。張樹芳等編：《大理叢書·金石篇》第 10 冊，
    北京：中國社會科學出版社，1993 年。

157.《十駕齋養新錄》，〔清〕錢大昕撰。上海：上海書店，1983 年。

158.《十鐘山房印舉》，〔清〕陳介祺撰。北京：中國書店，1985 年。

159.《世祖平雲南碑》，〔元〕程文海撰。張樹芳等編：《大理叢書·金石篇》
    第 10 冊，北京：中國社會科學出版社，1993 年。

160.《殊域周咨錄》，〔明〕嚴從簡撰。北京：中華書局，1993 年。

161.《數馬集》，〔明〕黃克纘撰。《四庫禁燬書叢刊》集部第 180 冊，北京：
    北京出版社，1997 年。

162.《宋史》，〔元〕脫脫等撰。北京：中華書局，1977 年。

163.《臺省疏稿》，〔明〕張瀚撰。《四庫全書存目叢書》史部第 62 冊，濟南：
    齊魯書社，1996 年。

164. 《臺中疏略》，〔明〕毛堪撰。《四庫禁燬書叢刊》史部第 57 冊，北京：北京出版社，1997 年。

165. 《（天啟）滇志》，〔明〕劉文徵纂修。郭惠青、李公等：《大理叢書·方志篇》卷三，北京：民族出版社，2007 年。

166. 《天下郡國利病書》，〔清〕顧炎武撰。《續修四庫全書》第 597 冊，上海：上海古籍出版社，2002 年。

167. 《通典》，〔唐〕杜佑撰。北京：中華書局，1988 年。

168. 《圖書編》，〔明〕章潢撰。《景印文淵閣四庫全書》第 970 冊，臺北：臺灣商務印書館，1986 年。

169. 《土官底簿》，〔明〕佚名撰。《景印文淵閣四庫全書》第 599 冊，臺北：臺灣商務印書館，1983 年。

170. 《土官底簿跋》，〔清〕朱彝尊撰。〔明〕佚名：《土官底簿》，《景印文淵閣四庫全書》第 599 冊，臺北：臺灣商務印書館，1983 年，第 420 頁。

171. 《土司制度歷史地位新論》，李世愉撰。《長江師範學院學報》，2015 年第 3 期，第 1～8 頁。

172. 《（萬曆）賓州志》，〔明〕郭棐纂修。明萬曆十五年刻本。

173. 《（萬曆）廣西通志》，〔明〕蘇濬纂修。《明代方志選（六）》，臺北：臺灣學生書局，1986 年。

174. 《（萬曆）太平府志》，〔明〕蔡迎恩修，〔明〕甘東陽纂。明萬曆五年刻本。

175. 《（萬曆）襄陽府志》，〔明〕吳道邇纂修。明萬曆刻本。

176. 《（萬曆）應天府志》，〔明〕程嗣功修，〔明〕王一化纂。明萬曆刻增修本。

177. 《（萬曆）雲南通志》，〔明〕李元陽纂修。郭惠青、李公等：《大理叢書·方志篇》卷一，北京：民族出版社，2007 年。

178. 《（萬曆）漳州府志》，〔明〕羅青霄纂修。明萬曆元年刻本。

179. 《萬曆武功錄》，〔明〕瞿九思撰。《續修四庫全書》第 436 冊，上海：上海古籍出版社，2002 年。

180. 《萬曆野獲編》，〔明〕沈德符撰。北京：中華書局，1959 年。

181. 《萬山綱目》，〔清〕李誠撰。《四庫未收書輯刊》第 9 輯第 6 冊，北京：北京出版社，1997 年。

182. 《萬先生斯同傳》，《潛研堂文集》，〔清〕錢大昕撰。清光緒十年長沙龍氏

家塾刻本。

183.《萬姓統譜》,〔明〕凌迪知撰。《景印文淵閣四庫全書》第 957 冊,臺北:
臺灣商務印書館,1983 年。

184.《王諫議全集》,〔明〕王元翰撰。《四庫未收書輯刊》第 5 輯第 25 冊,北
京:北京出版社,2000 年。

185.《王陽明全集》,〔明〕王守仁撰。上海:上海古籍出版社,2014 年。

186.《吳文正集》,〔元〕吳澄撰。《景印文淵閣四庫全書》第 1197 冊,臺北:
臺灣商務印書館,1986 年。

187.《吳中丞平嶺西前後功志》,〔明〕王世貞撰。〔清〕汪森:《粵西文載》,
《景印文淵閣四庫全書》第 1466 冊,臺北:臺灣商務印書館,1986 年。

188.《五邊典則》,〔明〕徐日久撰。《四庫禁燬書叢刊》史部第 26 冊,北京:
北京出版社,1997 年。

189.《武定軍民府土官知府鳳世襲腳色》,〔明〕佚名撰。方國瑜:《雲南史料
目錄概說》,中華書局,1984 年,第 1193 頁。

190.《西南紀事》,〔明〕郭應聘撰。《四庫全書存目叢書》史部第 49 冊,濟南:
齊魯書社,1996 年。

191.《西平惠襄公沐春行狀》,〔明〕唐愚士撰。〔明〕焦竑:《國朝獻徵錄》,
周駿富:《明代傳記叢刊》第 109 冊,臺北:臺灣明文書局,1991 年。

192.《西園聞見錄》,〔明〕張萱撰。《續修四庫全書》第 1169 冊,上海:上海
古籍出版社,2002 年。

193.《喜洲志》,楊憲典纂修。大理:大理白族自治州南詔史研究學會內部資
料,1988 年。

194.《咸賓錄》,〔明〕羅曰褧撰。《四庫全書存目叢書》史部第 255 冊,濟南:
齊魯書社,1997 年。

195.《小司馬奏草》,〔明〕項篤壽撰。《續修四庫全書》第 478 冊,上海:上
海古籍出版社,2002 年。

196.《新唐書》,〔宋〕歐陽修、宋祁撰。北京:中華書局,1975 年。

197.《(新校)明通鑑》,〔清〕夏燮撰。臺北:世界書局股份有限公司,2013 年。

198.《行邊紀聞》,〔明〕田汝成撰。《中華文史叢書》之二三,臺北:臺灣華
文書局,1968 年。

199.《徐霞客遊記》,〔明〕徐弘祖撰。上海:上海古籍出版社,2007 年。

200.《炎徼紀聞校注》,〔明〕田汝成撰,歐薇薇校注。南寧:廣西人民出版社,
2007 年。

201.《陽明先生行狀》,〔明〕黃綰撰。〔明〕王守仁:《王陽明全集》,上海:
上海古籍出版社,2014 年。

202.《養利州興造記》,〔明〕姚鏌撰。〔明〕蔡迎恩修,〔明〕甘東陽纂:《(萬
曆)太平府志》卷三,明萬曆五年刻本,葉數不明。

203.《姚郡世守高氏源流總派圖》。方國瑜:《雲南史料叢刊》第 5 卷,昆明:
雲南大學出版社,2001 年,第 472 頁。

204.《葉文莊公奏議》,〔明〕葉盛撰。《續修四庫全書》第 475 冊,上海:上
海古籍出版社,2002 年。

205.《(雍正)廣西通志》,〔清〕金鉷纂修。《景印文淵閣四庫全書》第 565 冊,
臺北:臺灣商務印書館,1986 年。

206.《(雍正)雲龍州志》,〔清〕陳希芳纂修。郭惠青、李公等:《大理叢書·
方志篇》卷二,北京:民族出版社,2007 年。

207.《(雍正)雲南通志》,〔清〕鄂爾泰修,〔清〕靖道謨纂。《景印文淵閣四
庫全書》第 569 冊,臺北:臺灣商務印書館,1986 年。

208.《有關「普名聲之亂」的史料編年》,付春撰。《西南古籍研究》2006 年
00 期,第 407～428 頁。

209.《輿地紀勝》,〔宋〕王象之撰。《續修四庫全書》第 585 冊,上海:上海
古籍出版社,2002 年。

210.《元豐九域志》,〔宋〕王存撰。北京:中華書局,1984 年。

211.《元和郡縣圖志》,〔唐〕李吉甫撰。北京:中華書局,1983 年。

212.《元史》,〔明〕宋濂等撰。北京:中華書局,1976 年。

213.《元一統志》,〔元〕孛蘭肹等撰,趙萬里校輯。北京:中華書局,1966 年。

214.《越嶠書》,〔明〕李文鳳撰。《四庫全書存目叢書》史部第 163 冊,濟南:
齊魯書社,1996 年。

215.《粵西叢載》,〔清〕汪森輯。《景印文淵閣四庫全書》第 1467 冊,臺北:
臺灣商務印書館,1986 年。

216.《粵西文載》,〔清〕汪森輯。《景印文淵閣四庫全書》第 1465 冊,臺北:

臺灣商務印書館，1986 年。

217.《雲龍記往》，〔清〕王鳳文撰。〔清〕王崧：《雲南備徵志》，臺北：成文出版社，1967 年。

218.《雲南古佚書鈔》，王叔武輯。昆明：雲南人民出版社，1981 年。

219.《雲南木大夫生白先生忠孝紀》，〔明〕蔡毅中撰。木光：《木府風雲錄》，昆明：雲南民族出版社，2006 年。

220.《雲南省景東彝族自治縣地名志》，景東彝族自治縣人民政府編。景東：景東彝族自治縣人民政府秘密資料，1985 年。

221.《雲南史料目錄概說》，方國瑜撰。北京：中華書局，1984 年。

222.《雲南武定祿勸兩縣彝族的碑記、雕刻與祖筒》，張傳璽撰。《文物》1960 年 06 期，第 56～61 頁。

223.《雲南志略輯校》，〔元〕李京撰，王叔武輯校。昆明：雲南民族出版社，1986 年。

224.《韻略易通》，〔明〕蘭茂撰。《續修四庫全書》第 259 冊，上海：上海古籍出版社，2002 年。

225.《昭代典則》，〔明〕黃光昇撰。《四庫全書存目叢書》史部第 12 冊，濟南：齊魯書社，1996 年。

226.《（正德）雲南志》，〔明〕周季鳳纂修。《天一閣藏明代方志選刊續編》第 70 冊，上海：上海書店，1990 年。

227.《正氣堂集》，〔明〕俞大猷撰。《四庫未收書輯刊》伍輯第 20 冊，北京：北京出版社，1997 年。

228.《中國邊疆史地古籍題解》，范秀傳撰。烏魯木齊：新疆人民出版社，1995 年。

229.《中國近三百年學術史》，〔民國〕梁啟超撰。北京：商務印書館，2011 年。

230.《中國歷史地圖集》，譚其驤撰。北京：中國地圖出版社，1982 年。

231.《中國西南地理考釋》，方國瑜撰。北京：中華書局，1987 年。

232.《中原音韻》，〔元〕周德清撰。《佩文詩韻·詞林正韻·中原音韻》，上海：上海古籍出版社，2011 年。

233.《忠肅集》，〔明〕于謙撰。《景印文淵閣四庫全書》第 1244 冊，臺北：臺灣商務印書館，1986 年。

234.《壯族土官族譜集成》，谷口房男、白耀天編。南寧：廣西民族出版社，
　　1998 年。

235.《資善大夫兵部尚書東涯翁公萬達行狀》，〔明〕鄒守愚撰。〔明〕焦竑：
　　《國朝獻徵錄》，周駿富：《明代傳記叢刊》第 109 冊，臺北：臺灣明文
　　書局，1991 年。

236.《罪惟錄》，〔清〕查繼佐撰。杭州：浙江古籍出版社，1986 年。

參考文獻

1. 〔清〕張廷玉等：《明史》，美國哈佛燕京圖書館藏清乾隆四年武英殿刻本。

2. 〔清〕張廷玉等：《明史》，《景印文淵閣四庫全書》第 297～302 冊，臺北：臺灣商務印書館，1983 年。

3. 〔清〕嚴福、方煒等：《明史考證》，《景印文淵閣四庫全書》第 302 冊（附於《明史》列傳每卷卷末），臺北：臺灣商務印書館，1983 年。

4. 〔清〕張廷玉等：《明史》，北京：中華書局，1974 年。

5. 〔清〕永瑢：《四庫全書總目》，北京：中華書局，1965 年。

6. 〔清〕王頌蔚：《明史考證攟逸》，《續修四庫全書》第 294 冊，上海：上海古籍出版社，2002 年。

7. 黃彰健：《明史纂誤再續》，《臺灣中央研究院歷史語言研究所集刊》，1967 年，第 511～575 頁。

8. 包遵彭編：《明代土司制度》，臺北：學生書局，1968 年。

9. 黃雲眉：《明史編纂考略》，《史學雜稿訂存》，濟南：齊魯書社，1980 年。

10. 黃雲眉：《明史考證》，北京：中華書局，1979 年。

11. 胡起望：《明史廣西土司傳校補》，《民族研究》1979 年第 2 期，第 46～49 頁。

12. 譚其驤：《中國歷史地圖集》，北京：中國地圖出版社，1982 年。

13. 方國瑜：《雲南史料目錄概說》，北京：中華書局，1984 年。

14. 黃彰健：《廣西土司傳考證：明史纂誤三續》，《中國歷史研究》第 2 輯，北京：書目文獻出版社，1986 年，第 61～80 頁。

15. 方國瑜：《中國西南地理考釋》，北京：中華書局，1987 年。

16. 龔蔭：《明史雲南土司傳箋注》，昆明：雲南民族出版社，1988 年。

17. 者吉中：《明史·雲南土司傳校正一則》，《思想戰線》1989 年第 1 期，第 94 頁。

18. 黃明光：《明史廣西土司傳續考》，《中央民族學院學報》1989 年第 4 期，第 33～39 頁。

19. 楊寶康：《明史·雲南土司傳校正一則》，《史學月刊》1992 年第 6 期，第 66 頁。

20. 劉漢忠：《明史土司傳柳州史事繫年辨誤》，《廣西地方志》1995 年第 5 期，第 58 頁。

21. 翟玉前、孫俊：《明史貴州土司列傳考證》，貴陽：貴州人民出版社，2008 年。

22. 龐乃明：《明史地理志疑誤考正》，北京：社會科學出版社，2012 年。

23. 方詩銘：《中國歷史紀年表》，上海：上海書店出版社，2013 年。

24. 佟佳江：《清史稿訂誤》，北京：中華書局，2013 年。

25. 許逸民：《古籍整理釋例》，北京：中華書局，2014 年。

26. 賀祥明：《明史四川土司傳一考誤》，《成都師範學院學報》2015 年 4 期，第 100～104 頁。

27. 賀祥明：《明史四川土司傳一松潘衛考誤》，《牡丹江大學學報》2015 年第 5 期，第 34～36 頁。

28. 李世愉：《土司制度歷史地位新論》，《長江師範學院學報》2015 年第 3 期，第 1～8 頁。

29. 陳季君：《論土司地區的國家認同》，《中國史研究》2017 年第 1 期，第 23～34 頁。

後 記

　　史料是史學研究不可或缺的基礎。紮紮實實搜集、整理與運用民族邊疆史料，有助於將民族邊疆研究推向新的境界。這本《明史雲南廣西土司傳考證》正是基於這個理念而產生。《明史》的《雲南》《廣西土司》二傳，是研究土司制度、西南史地、邊疆政策、民族問題等的基本史料。本書選擇《明史》的《雲南》《廣西土司》二傳作為考證對象，從史源上入手，以實證為要旨，力圖給讀者提供一個系統全面考證《明史雲南廣西土司傳》的作品，同時讓學界對歷來的考證成果有一個總體的認識。凡得考證 503 條，計 37 萬字。關於《明史雲南廣西土司傳考證》的成書始末，這裡有必要作一些介紹。

　　有關《明史‧土司傳》的考證工作，是我的導師杜澤遜老師佈置給我的作業。2015 年元宵節前四日的一個晚上，侍坐校經處，杜老師繪聲繪色地給我講起許多他發現的雲南掌故。杜老師曾據國家圖書館藏明鈔本《南夷書》後所附程晉芳擬提要原稿，證實《四庫總目》敍及的土司「刀查」為「刀木旦」之訛。我當時頗為留心家鄉雲南的歷史及文獻，因此杜老師因材施教，舉出黃雲眉先生的《明史考證》，希望我能對《明史》的《雲南土司傳》作考證研究。簡單來說，就是訂正錯誤、解釋補充，並對前人成果進行總結。接到選題以後，我便去圖書館翻閱了包括《明史考證》在內的幾種考證《明史》的著作，發現這項考證工作還有很大的空間可做，初步確立了研究方向。

　　那時我在山東大學尼山學堂讀大二，正在寫作《滇濮系統的火葬禮儀考》，所以真正開始考證《明史‧土司傳》的時間推遲到了 2015 年年底。《明史‧土司傳》十卷，包括《湖廣土司》一卷、《四川土司》二卷、《雲南土司》三卷、《貴州土司》一卷、《廣西土司》三卷。大三時考證完了《雲南土司一》。

到了大四，課程考試少，空餘時間多，在上學期順利完成整部《雲南土司傳》的考證，又續考《廣西土司傳》前二卷。臨近畢業，便集合已完成的五卷，命名為《明史土司傳考證》，作為本科畢業論文從尼山學堂畢業。或曰：餘五卷未竟，而全名之者何？我說是為了以後進行續補。這篇 32 萬字的本科畢業論文《明史土司傳考證》，後來還有幸獲評山東省優秀學士學位論文。這完全要歸功於各位老師的指導和尼山學堂的培養。

從藥學院考入尼山學堂，是我人生的一大轉折，實現了學業與興趣的完美統一。課程設置上，尼山學堂以經史子集元典為主。學術訓練上，尼山學堂照顧學生個人興趣，可由學生自主選擇論文題目，再根據選題尋找相應的指導老師寫作學年論文。出於重視鄉邦文獻的傳統，我在本科階段的研究方向主要集中在雲南的歷史與文獻方面。是故，在金石學家劉心明先生的指導下，對刻石於景泰元年的白族文獻《山花碑》進行解讀分析，從而揭示這一「漢字記白語」文獻的特殊價值，形成《白語山花碑注析》（連載《國學茶座》第 8 到 11 期）。在禮學家劉曉東先生的指導下，對唐代晚期到明代中葉流行於西南地區的滇密系統的火葬禮儀進行考察，並探討其特點，形成《滇密系統的火葬禮儀考》（載《歷史文獻研究》第 43 輯）。畢業論文《明史土司傳考證》則是在杜澤遜、何朝暉兩位老師的指導下寫作的。2017 年 10 月，教育部教學評估小組在山東大學檢查，多位專家對該畢業論文給予好評。10 月 23日，教學評估專家趙小建教授來尼山學堂座談，對我進行鼓勵，問及為何選擇尼山學堂做學術，我用興趣和使命作了回答。通過在尼山學堂的學術訓練，特別是《明史土司傳考證》的撰寫，我在雲南歷史與文獻方面的興趣逐漸加深擴大，我從喜歡雲南歷史擴展到喜歡歷史，從喜歡雲南文獻擴展到喜歡文獻。

碩士、博士階段，我繼續在山東大學跟著杜澤遜老師學習，專業為中國古典文獻學。對於研究方向的選擇，杜老師建議我在年輕時要多開幾個頭。山東大學圖書館有膠州張鑑祥先生千目廬的舊藏，收藏目錄極多，我的太老師王紹曾先生和老師杜澤遜先生都是著名的目錄學家。受此目錄學學風的薰陶，加之參加《清史·典籍志》、《清人著述總目》等項目的鍛鍊，我在碩士階段的研究方向逐漸轉向目錄學，碩士畢業論文即以宋代目錄《秘書省續編到四庫闕書目》作為選題對象。至於博士階段，目前打算朝著清代文化史的方向努力。

在這樣的情況下，續補《明史土司傳考證》的計劃顯得很難實現。碩士階段，我利用空餘時間續考了《廣西土司三》，而後對已完成的《雲南土司傳》三卷、《廣西土司傳》三卷進行修訂，想著先將此事告一段落。因為《雲南》《廣西土司》二傳，篇幅占《土司傳》的一半以上，與其他《湖廣》《四川》《貴州土司》三傳一樣，具有重要的土司學和民族學價值，但更為特殊的是，《雲南》《廣西土司》二傳還有重要的邊疆學價值，因此也有單獨結集的可能性。因此便產生了這本《明史雲南廣西土司傳考證》。

我原想將《明史雲南廣西土司傳考證》藏諸箱笥，以免見笑於大方之家。道友芙生笑余鄙陋，勸我早日公諸於世，以期能為閱讀、研究和使用《明史雲南廣西土司傳》發揮一定參考價值。我善其言，從其議，但愈加感到如履薄冰，唯恐有貽誤世人之處。職是之故，2021 年 1 月至 4 月，我對書稿再次檢查校訂。旋蒙杜澤遜老師推薦，幸得臺灣花木蘭文化事業有限公司慨允出版。簽訂出版協議後，我又利用 7 月的假期對書稿進行複查，方才交付出版社。

《明史雲南廣西土司傳考證》的背後，有許多令人感念的人事。如上所述，杜澤遜老師從選題到指導，到推薦出版，一直都對我鼓勵有加，關懷備至。何朝暉老師在史事和規範方面給予我許多受用的指導和啟發。有時涉及專門之學，比如衛所制度，何老師還代我向同道請教。劉曉東老師、孫劍藝老師、劉心明老師、王加華老師、江曦老師、李振聚老師等諸位老師皆煩枉教，慰感何可復言。巴金文書記、王承略老師、張玉亮老師、趙成傑老師、李凱凱學長、他維宏學長、李晉陽兄等師長都關心過此書的出版，給予我很多鼓勵。尼山諸友、親舊同儕，亦皆先後啟予。要感謝的人太多，原諒我不能在此一一寫出他們的名字。謹向所有支持、關心和幫助過本書的師長朋友致敬。還應該感謝花木蘭文化事業有限公司的認可和提攜，花木蘭的公益出版使此書免去了覆瓿之憂，責任編輯楊嘉樂主任也將為本書付出辛苦勞動，所有的這些都讓我銘感於心。

最後要感謝前輩學者所做的相關考證工作。陳援老嘗謂：「凡事創者難為功，因者易為力，著書亦然。」如果說本書在考證《明史雲南廣西土司傳》方面能夠後來居上，有所成就，那一定離不開前人考證成果的積累。

由於作者學識有限，錯誤之處在所不免，還請讀者諸君多多批評指正。

重光赤奮若之年火把節後一日大理楊勝祥記於蒼山洱水之墟